教养 2

著｜余世维

广东旅游出版社
GUANGDONG TRAVEL & TOURISM PRESS
悦读书·悦旅行·悦享人生

中国·广州

图书在版编目（CIP）数据

教养 . 2 / 余世维著 . — 广州：广东旅游出版社，2023.6

ISBN 978-7-5570-2993-7

Ⅰ . ①教… Ⅱ . ①余… Ⅲ . ①家庭教育 Ⅳ . ① G78

中国国家版本馆 CIP 数据核字（2023）第 098228 号

广东省版权局著作权合同：图字 19-2023-140 号

出 版 人：刘志松
责任编辑：张晶晶　黎娜
责任校对：李瑞苑
责任技编：冼志良

教养 2

JIAOYANG 2

广东旅游出版社出版发行
（广州市荔湾区沙面北街 71 号首层、二层　邮编：510130）
印刷：文畅阁印刷有限公司
（河北省保定市高碑店市世纪大街北侧）
联系电话：020-87347732　邮编：510130
787 毫米 × 1092 毫米　16 开　16.25 印张　163 千字
2023 年 6 月第 1 版　2023 年 6 月第 1 次印刷
定价：68.00 元

目录

Contents

第八章 家庭好氛围：爱的氛围比任何说教都有意义

孩子的竞争力，父母来培养

我出生在中国上海，一岁时跟父母到了中国台湾，在那里长大。大学毕业后，我游学欧美，学成后先后在日本、德国等地工作，直至担任大型企业的高管，还在新加坡、中国香港等地做投资。中国大陆有很多人知道我，是因为在过去 20 年间，我讲授了很多管理方面的课程。20 年前一个偶然的机会，我走上了讲台。因为当时大家要求我讲管理，而我也有很多管理方面的感悟想和大家分享，所以我才专门讲管理。所谓管理，就是管制和理顺。它不仅存在于企业内，更存在于学校、家庭、社会的方方面面，于是慢慢地，我的课程就出现了家庭方面的案例。

不少当初听我课的人，后来当了主管，当了老板，慢慢成了家立了业，也有了孩子。于是，我从企业讲到了家庭，把我自己求学和成家立业的经验，结合我在工作场合所得到的感悟，拿出来与大家分享。

我有一个朋友，是某银行的行长，他跟我说有一次过年，他们全家在一起，没出去玩，就把我讲的关于管理的课程视频拿出来播放，包括家里的老人也坐在那里看。虽然讲的是企业管理，但里面提到了很多在家庭中也适用的道理，他们觉得很受启发。

所以我觉得，管理的原理是相通的。能把自己管好，往往就能把家管好；能把家管好，往往就能把企业管好。

说到这里，我想起一句话：没有人培训家长如何教育孩子实在是件很遗憾的事。也就是说，如果没有人教育家长，那么家长教育孩子往往就是一场悲剧。这话讲得很尖锐，但要让我们的国家、民族强大，要让我们的社会发展，首先就要让我们每一个家庭强大，因为家庭是社会的基本单位。而要使家庭强大，当然必须让父母首先强大起来。因为孩子是在接受家庭教育的过程中成长起来的，而等他们成家立业之后，他们又会教育他们自己的孩子，把这种家庭教育传承下去。

我在讲课的时候，很多朋友会有一个错觉，认为我天生什么都知道。这是不可能的，大家生下来是一样的。人都是通过教育成长、成熟、成才的，在这里，我要感谢我的父母，感谢他们对我的家庭教育。

我母亲为人很大气，也很大方。她特别在乎尊严，很好面子，对我和我妹妹教育很严格，要求我们要自尊、自重。她说过的一句话，我一辈子都记得。她说："一个人可以穷，但是不能眼皮浅。"哪怕小时候我家条件不是特别好，我也不自卑，不会眼馋别人的好东西。我母亲还教育我们，做人要有魄力、心胸要宽广、生活要注意整洁……这些为人处世之道，对我影响非常深远。

我做人很像我母亲，做事很像我父亲。我父亲做事很细致。而在学习、工作中，如何做计划，如何把事情做得有条不紊，如何讲话，如何沟通，如何把自己的能力凸显出来……这些我都是跟我父亲学的。

我要感谢我母亲教育我做人自律，感谢我父亲教授给我做事方法和技巧。我就是在他们良好的教育下成长起来的。

一个人在一生中，接受教育的途径有很多，主要包括家庭教育、学校教育、社会教育和企业教育，其中，家庭教育是所有教育的基础。所以，家长们一定要重视家庭教育。

我想提醒各位朋友，教育的第一环是家庭，第二环是学校，第三环才是社会及企业。

文凭是敲门砖。在社会上，如果你真的没有文凭，那是一件很冒险的事。但是，家长也不能完全依赖学校，把教育孩子的重任完全抛给老师。孩子的人格、孩子的素养，需要家长去锻炼，去培养。

我做培训这么多年，听过我的课的学员可以说有很多，也可以说不多。这 20 年，我讲过这么多课，上千万学员是有的，但是如果我只能影响这千万学员，那是远远不够的。如果一个老板听了我的课，回去讲给他的干部或员工听；一个团队负责人听了我的课，回去讲给他的团队成员听；一个爸爸或妈妈听了我的课，回去讲给其他家庭成员听；一个老师听了我的课，回去讲给他的学生听……那么我的影响力就会非常大。

我想要让自己有这么大的影响力，并非出于功利的目的，并非为了自己出名，而是希望我能对我的祖国、我们的社会贡献自己的力量，体现自己的价值，能帮助更多的人成长，让他们过好这一生。生为中国人，我很开心，我愿意做我应该做的也能够做的贡献。

我希望这本书能成为一个和家长朋友们交流的平台，大家在教育孩子的过程当中所得到的经验，都可以拿出来相互交流。但愿我的书对各位有所帮助，衷心祝愿所有朋友的家庭和事业都非常成功。

第一章

教养有方法：
好方法教出好孩子

　　家庭是教育的主战场，父母是教养孩子的第一责任人。而要使家庭强大，就必须让父母首先强大起来。因为孩子是在接受家庭教育的过程中成长起来的，而等他们成家立业之后，他们又会教育自己的孩子，把这种家庭教育传承下去。所以，父母要想很好地教养孩子，首先要学习好的教养方法。

想让孩子做好，父母先努力改变自己

　　父母的一举一动，都是孩子模仿的对象，父母的一言一行，都影响着孩子的成长。爸爸带着孩子闯红灯，这便是孩子人生中第一次违反交通规则。一家人去吃自助餐，吃完后妈妈拿了一杯酸奶，孩子跟着拿了一个苹果，就这样出了餐厅，这就是孩子人生中第一次偷窃。你可能觉得有些小题大做，这怎么能算偷窃？但自助餐的规定就是禁止把食物带出去。如果父母认为无所谓，孩子马上会有样学样，久而久之，他就会无视规则，认为什么东西都能随意拿，不问自取，再往后就容易发展成严重的偷窃行为。父母对孩子潜移默化的影响，就是从这些小事开始的。

　　有句话很有道理："父母是孩子最初的老师，孩子是父母的翻版。"所以有什么样的父母，就会有什么样的孩子。

也就是说，当父母自己有做不到的事情的时候，先不要要求孩子做到；在要求孩子做到的时候，首先应该问自己是否做得到。

那么，父母对孩子不好的影响有哪些呢？这里我可以列举几个。

1. 不守承诺

在日常生活中，我们会不经意地做出一些承诺，最终没有做到也觉得无所谓，认为不就是一件小事情嘛。但正确的做法是，自己不能胜任的事情，切莫轻易答应别人；一旦答应了别人，就必须兑现自己的诺言。

尤其是在孩子面前，有的父母在不经意间答应了孩子一件事，却并没有放在心上，没有做到，这会让孩子觉得承诺是可以不遵守的，答应别人的事是可以不用做到的。有的父母在跟别人说话的时候，出于某种原因，会说一些与实际情况不符的话，孩子在旁边听到了，就会以为这样说话是可以的，他也会在某些情形下开始撒谎。所以我们不要在孩子面前表现得言行不一。

有一天晚上下雨，我正在客厅里看报纸，我太太回来了。听到妈妈进门的声音，大女儿就从楼上冲下来，一边迎接妈妈，一边问："妈妈，给我买的巧克力饼干呢？"我太太说明天再买。女儿一听就不高兴了，说妈妈骗人。

我走过去问发生了什么事，女儿说妈妈晚上出去时，答应要给她带巧克力饼干回来，结果没有买。于是，我就要求太太和我一起，冒着大雨，出去给女儿买了一盒饼干。

尽管这只是一件小事，但我认为父母答应孩子的事一定要做到，否则就是不诚信。有不诚信的父母，孩子多半会有样学样，变得不诚信。

2. 烟酒无度

吸烟对人体是有害的。吸烟的人也知道这点，但就是没法戒掉。作为父亲，你如果指责你的儿子上中学就开始吸烟，也要想一下，你自己在家里面常吸烟吗？你为什么不能戒烟？这就是需要你以身作则的地方。自己先戒烟，或者至少不要在儿子面前吸烟，再让儿子不要吸烟。

无节制地喝酒同样不好。有的父母控制孩子，不让孩子过多地喝饮料，这是为孩子的健康着想，但是，这些父母自己却无法做到节制，想喝酒就喝酒，想喝多少就喝多少。这样一来，又怎么能有效要求孩子不多喝饮料呢？

3. 浪费资源

洗手抹洗手液的时候不关水龙头，这是浪费；一瓶矿泉水喝一半就扔了，这是浪费；大白天家里每间屋子都开着灯，这也是浪费。这些行为在日常生活中挺常见的，父母总是这样做，孩子就会有样学样，还学得非常快。

讲到节约，我想到两件让我印象很深刻的事。

在英国的时候，有一次我在卫生间洗手，打开水龙头之后就开始抹肥皂。这时我发现旁边一位老先生看着我，我正在纳闷他为什么看我，他走过来把水龙头关掉了。

从那以后，我常常提醒自己，在任何地方洗头、洗澡、洗手，在涂肥皂、沐浴液时先关水龙头，于是这成为一个习惯。

在德国的时候，我和两位德国朋友一起拜访另一位德国朋友——梅赛德斯奔驰车销售总监。去了之后，得知总监临时外出了，他太太接待了我们。她看我是中国人，就问我要不要来点茶，我说来一杯。我们坐了一会儿便起身告辞，当时我的杯子里还剩了点茶水，那位太太问我："你不是喝一杯茶吗？"我只好把它喝完了。她说："小伙子，水是宝贵的资源，希望你珍惜。"这句话我一直记得。

这两件事对我触动很大，我后来时刻提醒自己要注意节约。我们回想一下，自己在洗头时关水龙头吗？洗澡涂沐浴液时关水龙头吗？这种因不节约而造成的水消耗非常惊人。更为关键的是，这样会对孩子造成不良示范。

4. 奢侈炫富

奢俭有度的生活环境对于孩子的成长来说是非常重要的。过于奢侈，会让孩子在物质生活中迷失自己；而过于节俭，又可能让孩子产生自卑等不良心理。

有些白手起家的企业家，历经艰辛，最终有了大的成就，可是在对待孩子时，他们一味给孩子奢侈的生活，以致孩子不仅没有形成创业、守业的能力，反而丧失了生活能力，甚至骄横跋扈、生活腐化。

有的父母存在攀比心理，喜欢炫富，总是向别人炫耀，说自己的包多少钱、车子多少钱，也喜欢和孩子强调："这件衣服是妈妈从日本带回来的。""这个玩具是限量款。"孩子耳濡目染，就养成了虚荣心。他们从小就有高级品牌的概念，买球鞋、买文具一定要品牌货，在学校也喜欢和同学朋友炫耀自己的笔多少钱、衣服多少钱。其实这样，不利于他们健康成长。

我和我太太在家里从来不提奢侈品品牌的名字，其实我们也不太用奢侈品，所以我的两个女儿直到上了高中，也不太清楚什么路易·威登、阿玛尼、香奈儿。不知道这些又如何呢？并不会对生活、学习造成影响。

5. 邋里邋遢

随便穿件睡衣去菜市场，随便穿件背心、裤衩站在门口，这是形象的邋遢；家里总是乱糟糟的，脏衣服到处都是，垃圾也不收拾，这是环境的邋遢。长期生活在这种家庭中的孩子，也很难养成爱干净、注重整洁的习惯。

我非常注重整洁。我的头发永远干净，衣服勤于换洗；我用餐喝水，桌面、地面绝不会脏乱不堪。这要归功于我母亲的教育。而我也是这样要求我的女儿们的。我一直认为整洁的家能够养出遵守秩序的孩子，这种秩序感会让孩子一生受益。

多年前的一个暑假，我的大女儿从英国回来，得意地跟我说学校要专门给她发一份奖学金。她的成绩并不是最出色的，也没有特长，所以我很好奇她到底得了什么方面的奖学金。

"老师说，全班只有我一个人下课后会把椅子放到桌子底下，桌上也总是最干净的。之后老师又让我去爱丁堡大学本科夜间部兼职，可以说我得到了两笔收入。"

她很得意，我也跟着高兴。我对她说："你的奖学金要分给我和妈妈一半，因为这个习惯是我们教的。"后来，她真的郑重其事地将奖金分给我们，对我们表示感谢。

6. 不讲礼貌

出门在外，碰到长辈，是要打招呼的。我父母是这样教育我的，我不仅自己这样做，也要求两个女儿这样做。不只是对长辈，我对我们小区的保安、保洁，见面都会打招呼。我家请了保姆，只要保姆一进门，我的两个女儿都会马上站起来和她打招呼："金阿姨，早。"

有的父母对此则不以为然。他们带孩子去餐厅吃饭，想叫服务员，就会大声招手："喂，来一下！"这就太没有礼貌了。

7. 自私自利

邻里间有什么矛盾，总认为是隔壁不对、对门不对，很少说："黄太太，我错了。""李太太，我儿子做得不对。"凡事先想着自己家，家里的狗在别人家门口大小便，有什么关系呢？垃圾分类太麻烦了，反正都是丢到垃圾桶里，分不分类有什么关系呢？这些都是自私的表现。

8. 贪小便宜

有的人喜欢占小便宜。比如带孩子去看电影，检票口有量身高的地方，大多数电影院规定身高超过一米三的孩子就要买票，有的父母就会教孩子佝着点腰。在坐地铁、进旅游景点的时候，他们也会让孩子佝腰进去，就是为了享受免费的权利。久而久之，孩子会认为占小便宜没什么问题，他也会在今后的生活中甚至工作中这么做，比如花钱买了私人东西，却以公事为名要求报销，这是很不好的。

9. 不守规则

前面提到的过马路不看红绿灯，就是典型的不守规则。

还有前一条提到的进旅游景点时为了不买票而让孩子佝着腰的父母，等孩子想玩什么游乐设施，而设施管理方规定孩子身高要达到多少才能玩时，他们又会让孩子挺胸抬头，让自己看起来高一点。这样的教育就更容易让孩子产生混乱了。

不守规则还表现在不守秩序上，最典型的就是坐地铁、公交车的时候为了抢座位而推推搡搡、一拥而上，或者在需要排队的场合想方设法插队，等等。这不仅是不守规则，也是自私、没有公德心的表现。

10. 投机取巧

我想请父母们记住这句话：当你的孩子卖弄小聪明的时候，你要告诉他，这样做是取巧。

有的人看到孩子有点小聪明，会沾沾自喜地说："你看我儿子聪明吧？""你看我女儿可灵巧啊，她想得出来。"其实这不叫智慧，这是耍小聪明。如果孩子总是这么做，那么他以后就容易不循正道做事。比如，做假冒伪劣商品的人，就是在取巧。父母不应该赞赏甚至鼓励孩子耍小聪明的行为，如果一开始跟他说："儿子，你这样做是错的。""女儿，妈妈不认为你这样做是对的，你这个是取巧，卖弄小聪明，妈妈希望你的脑子不要用在这方面上。"孩子就能得到正确的引导。

请想一下，上面提到的这些方面，你自己做得怎么样？你做得不好的地方，有没有被孩子学了去？仔细观察你就会发现，孩子大多数不好的言行，都是受了你的影响。所以，要想让孩子做好，先努力改变自己吧。

▪▪▪▪▪ 父母要摆正自己的位置

父母过度溺爱，往往会让孩子对父母的角色产生误解，出现以下两种情况。

第一，父母＝提款机。

人们总爱说，"男孩要穷养，女孩要富养"。我的观念是：男孩女孩都要穷养，不要因为是女孩，就无条件地满足她的物质需求，那样只会让她变得奢侈浪费。所谓穷养，并不是让孩子吃得差穿得破，而是不要让孩子太享受。

现在很多父母都舍不得孩子吃苦，巴不得为孩子提供最好的条件，其实这很容易把孩子惯坏，以至于让孩子把父母当作提款机。

请看下面这个场景。

"妈，给我点钱，我没有钱了。"

"上次不是刚刚给你一千块钱？"

"上周同学过生日我买了礼物，而且这周我又买了一件衣服。"

"你想要多少钱？"

"先给我五百吧，最好是一千。快一点好不好？"

"我明天就办。"

"现在就转给我吧，好不？我一点钱都没有了。"

············

等拿到钱，孩子又去挥霍了。你如果变成孩子的提款机，那么孩子对你的依赖就是金钱依赖，他对你也很难有感恩之心。

第二，父母＝保姆。

孩子从小就在父母的呵护下长大，像一朵没有经历过风雨的娇花，在他眼里，父母就是保姆，不管遇到什么事情，他都倾向于向父母寻求帮助，希望父母能帮他解决。有这种心态的孩子，长大后是很难适应社会的。

如何看孩子有没有这种倾向？你可以观察一下，你的孩子是如何建立他的人际关系的？他在小区里面碰到叔叔、伯伯、阿姨、奶奶都打招呼吗？他在外面遇到一个小朋友在哭，是否会主动去关心一下，"小朋友，你为什么哭？你的爸爸妈妈呢？"他自己在家的时候，会主动打扫吗？他看到小区院子里有垃圾，会不会把它捡起来丢进垃圾桶？他看到自行车倒了，会不会帮忙扶一下？

　　我在小区里遇到过这样的年轻人。我进单元门的时候，从玻璃门反射的影子里看到后面还有人，我进去后就一直扶着门，后面的年轻人目不斜视地就进去了，连一句"谢谢"都没有。更有一次，我走在另一个年轻人的后面，他进去后也不看看后面有没有人，直接松手关门。从他们的行为，多半可以知道他们被父母惯坏了，没有照顾人的观念，只会被人照顾。

　　如果你的孩子有这样的行为，从小就不与人沟通，心里也装不下别人，总是以自我为中心，那么他将来进入职场是没法好好工作的，反而还会处处觉得自己很委屈：我学历高，凭什么小梅当科长不让我当？我觉得我业绩不错啊，为什么主管不喜欢我？为什么公司里其他同事看起来都很讨厌，我不喜欢和他们相处……但是他从来不想一想，是不是自己有做得不对的地方。

　　所以，如果你的孩子总是独来独往，你就要想一下，是不是他在你的羽翼下待得太安稳了，以至于他不知道人与人是怎么沟通的，人与人是怎么协作的，人与人是怎么相互照顾的。

　　综上，父母要摆正自己的位置，不能做孩子的提款机、保姆，毫无原则地对孩子有求必应。请记住，你是孩子成长路上的责任人，而非服务员。

把握孩子成长每一阶段的教育重心

孩子的成长是分几个阶段的，在每一个阶段，父母的教育重心是不一样的。

1. 幼儿园

对于上幼儿园的孩子，父母的教育重心是帮他养成生活习惯、形成个人修养。孩子的生活习惯和教养需要父母来培养。教孩子怎么拿筷子、怎么穿衣服、怎么系鞋带、怎么走路、怎么与人对话……都是父母的责任。

2. 小学

对于上小学的孩子，父母要重点培养他的推理能力和阅读能力。推理能力是一种思考力，阅读能力是一种学习力。很多人一定会说，在这个阶段，辅导班的作用不就体现出来了吗？在我看来，并不是这样。辅导班多半是告诉孩子怎么做作业、怎么提高考试分数的，至于应该怎么思考，辅导班其实是不教的。因为辅导班给的都是标准答案，孩子只要学会标准答案，就很难形成思考力。

你可以问问你的孩子：蚂蚁为什么要把东西搬到洞里去？如果蚂蚁饿了，为什么不当场吃掉食物？听听他是怎么回答的。类似的问题还有：大家好像都知道蚂蚁喜欢吃甜食，那你认为它吃咸的东西吗？引导孩子观察、思考、查资料，才能激发他的思考力。

阅读能力不在于读多少书，而在于要读什么书，怎么读书，怎么可以把书读透，怎么形成自己的心得，怎么把书中的知识内化成自己的东西，就是所谓的学习力。

3. 中学

孩子上了初中，父母可以重点关注对他们自制力和领导力的培养。自制力是一种性格特质，领导力是一种个人魅力。

现在有一些辅导班号称提供情商培养课程，其实，它们很难通过短时间的课程教会孩子如何控制自己的情绪、如何让自己不受情绪影响，或者如何让自己表现得有风度、有教养，平易近人。因为性格形成是一个长期的过程，所受的影响都是潜移默化的。而在这个过程中，对孩子最大的影响，来自家庭，来自父母。

至于领导力，主要看孩子的社交能力。请想一想，你们小区里最受欢迎的孩子是谁？是不是基本上他说什么，别的孩子都愿意跟随？这样的孩子就比较具有人格魅力。那么，你的孩子如何？他敢于发表自己的意见吗？敢于做少数派吗？父母需要引导孩子具有独立思考和行动的能力，同时尽量去影响别人，而不是总受人影响，总是随大流。

上面我们讲述了父母在孩子成长的各个阶段应该注意的教养重点。其实严格来讲，在实际操作中我们区分不了这么清晰，这些教养内容存在于每一个阶段中。比如，小学生也需要增强自制力，中学生的个人修养也很重要。我们之所以分阶段讲解，是想强调父母可以在兼顾各项内容的时候有所侧重。

■ ■ ■ ■ **小鬼当家，方知父母心**

　　有的孩子嫌弃父母，从来体会不到父母的辛苦，还对父母挑三拣四，认为自己的要求没有被满足。他们听不进去父母说的话，反而有自己的一套道理，甚至是歪理。初中的孩子尤其容易这样。孩子到了十二岁至十五岁这个阶段，心理会发生一些变化，这就是"青春期"，父母们光和他们讲道理，是很难讲得通的。

　　我大女儿在上初中的时候，总爱挑她妈妈的理。我和我太太商量了一下，决定干脆让女儿当当妈妈，来体会一下当妈妈的辛苦。正好周末小女儿去了爷爷奶奶那儿，家里就我们三个人，是个好时机。

于是我对大女儿说："明天是星期天，我们都在家。这段时间，你总是挑妈妈的毛病，一直说妈妈做得不好。我想，你这么有想法，一定做得比妈妈好。不如让你做一天妈妈，给我们示范一下如何做个好妈妈，让我们学习学习。"

她笑一笑，说："爸爸，你别开玩笑了。"

我说："不，我没有开玩笑。从明天早晨开始，你就是妈妈，我当哥哥，妈妈当妹妹。我们来看看你当妈妈是怎么做的，我们跟你学习。"

她不置可否地说了句："我看还是算了吧！"

但我打定了主意，一定要给她好好上一课。

第二天一大早，我六点就起床了。平时我和我太太都是六点起床，准备好一切再去叫女儿。那天女儿也和往常一样，还在睡觉。我决定按照我的想法开始角色扮演，于是敲门进了她的卧室，说："起床了，妈！你怎么还没准备早餐？"女儿睡得迷迷糊糊，说："爸爸再让我睡一会儿吧。"我毫不客气地说："妈妈，你不能再睡了，已经很晚了，我和妹妹都饿了，请你赶紧起床为我们准备早餐！"女儿没办法，只好起床了。

我事先给她写好了纸条，上面有我们今天要吃的早餐。我对她说："你去买早餐，我要咸豆浆、烧饼夹油条，妹妹要甜豆浆、烧饼夹鸡蛋。"

她问："到哪里去买呀？"

我说："出了我们小区，向右拐再一直前进大概100米，路边有个豆浆店，就在那里买，快去啊。"

我催着她出门，她却说："我要先去洗脸。"

我说："你今天起晚了，往常这时候妈妈已经把早饭买回来了。别洗脸了，先去买吧。快去呀，妈！"

女儿没办法，只好就这样出了门。她把早饭买回来后，往桌上一摆，自己洗漱去了。我说："妈妈都是后吃的，我和妹妹先吃了，不等你了啊。"其实早饭里有她的一份，但我跟我太太设计好了，默契地将早饭都吃光了。

等她洗漱完过来，发现早饭被吃光了，她沮丧地问："怎么不给我留一点？"我说："我们吃光了，妈妈自己找别的当早饭吧，或者再去买一份。妈妈别忘了洗碗，我们要去看电视了。"

女儿平常也是这么干的，说早晨时间短，让我们早点儿把早饭准备好，她吃完就要去上学，每次都不帮忙收拾。所以，我和我太太这也算有样学样。

这一下子，女儿也懒得再出门买一份早饭，她默默地在厨房洗了碗，就坐到沙发上准备休息。

我又说："妈，中午我要吃水饺，妹妹要吃打卤面。开始准备吧。"

她不情愿地问："我该怎么去弄水饺啊？"

我说："来，我给你写好了单子。我要吃韭菜馅的饺子，妹妹的面要西红柿鸡蛋的卤，食材都写在这上面了，你快去买菜吧。"我给了她一个买菜的篮子，又把钱给了她。

结果她出门后很长时间都没回来，我太太很担心，赶紧去菜市场找她。原来她半天没找到韭菜在哪儿。终于把菜都买齐了，她回家后又马不停蹄地开始包饺子、做打卤面。她从小到大都没做过饭，我太太不忍心，在一旁指导她，给她打下手。她们折腾了三四个小时，快下午两点了我们才吃上饭。吃完饭后她收拾好碗筷，已经三点过了。她喘了口气，又要去沙发上躺着，我马上说："妈，都下午了，家里还没打扫，衣服也没洗，赶快洗衣服啊，我跟妹妹明天要穿呢。还有，别忘了准备晚饭。"

这一次她受不了了，眼泪都掉出来了。她说："爸爸，可不可以不要再演了？"

这时候，我严肃地对她说："你妈妈把你养到这么大，从来没有因为你调皮、挑三拣四说过一句抱怨的话，也没有埋怨过一件事情，反倒是你经常抱怨妈妈做得不合你心意。今天才让你当一天妈妈，你就受不了了。你妈妈辛苦了十五年，你知道吗？去跟你妈妈道歉。"她说："以前真的不知道，妈妈这么不好做，今天我明白了。"

从那以后，她再也没有抱怨过妈妈。

这种做法，在管理学上叫作"角色扮演"，其实就是换位思考。光跟孩子说妈妈有多操劳，爸爸有多辛苦，他体会不到，让他去扮演妈妈或爸爸，亲身实践一下，他的感受就会完全不同。

孩子有的时候不能够理解父母，是因为他没有站在父母的立场上看问题。这样他站得不高，也看得不远。

有一次，两个女儿跑来跟我"告状"。大女儿说："爸爸，我想买……，妈妈说过一段时间再买。"小女儿说："爸爸，我想买……，同学都有，妈妈却说没什么必要。"

我听明白了她们的意思，说："女儿们，你们其实是想说，妈妈什么东西都不愿意给你们买，对不对？这样的事情好像经常发生，其实妈妈也跟我说过了。我和妈妈想了一下，总这样也不好，你们老是觉得我们抠门。这样吧，下个月，你俩来当家。爸爸妈妈把钱交给你们，你们来管预算支配，你们说买什么就买什么，你们说吃什么就吃什么。反正一个月就这些钱，买菜、买衣服、买你们的学习用品和玩具，以及交水费、电费、电话费等，各种费用都从这里面出。你们先想一想，做个预算，下个月就由你们来管理支出。"

两个孩子很高兴，终于可以自己支配钱了。第二个月一开始，她们就立马买了自己想要的东西，买生活用品也没有计划，看到什么买什么，想用什么买什么，一个星期就几乎把生活费花掉了一半。

我和我太太也不干涉她们，任由她们自己决定。刚开始她们还没意识到问题，总觉得手里还有钱，结果到了月中，钱已经快花光了。这时候，她们开始发愁了。

我说："女儿们，这可不是开玩笑的。我们全家得勒紧裤腰带了，别说姐姐要买裙子妹妹要买本子，我们家下半个月恐怕连饭都吃不上了。"

两个孩子再也没有了刚开始时的气势，沮丧地对我说："爸爸，对不起。"

我说："要是一直让你们两个管家，我和妈妈大概都饿死了。现在你们明白了吗？以后不要总是想要这个、想要那个。你们不当家，不知柴米油盐贵，总觉得买个东西花不了多少。结果呢？今天买衣服，明天看电影，没有规划，多少钱都不够花的。你们这还只是管家里的开支，还没操心如何挣钱呢。女儿啊，养家可没有你们想的那么容易。"

从那以后，她们在这方面就懂事多了。该买什么，大家商量着买，不太必要的东西，我们不买，她们也很少抱怨了。

所以，如果你的孩子总是抱怨，嫌你做得不好，你可以试试让他来当家，让他来照顾你，让他站在当家的制高点，来体会一下你的想法和做法。不要总是和他吵，给他讲道理，让他自己亲身体会，效果更好。

■■■■ 适当管教，让孩子远离叛逆期

孩子叛逆，是让很多父母都倍感棘手的问题。所谓叛逆，不是说孩子坏得像流氓无赖那样，但至少是常常不听话，总爱与父母对着干，或者动不动就要离家出走，甚至闹自杀。我的看法是，孩子叛逆，多半是因为父母管教太严。我不是说父母不要管教孩子，而是不要做无谓的管教。父母过于严厉的管教会让孩子感觉他就像在坐牢，但凡他翅膀硬了一点，觉得自己能独立一点了，或者有办法表达自己的意思了，他马上就会做出叛逆的言行。

那么，父母该怎样预防孩子变得叛逆，又该如何与已经有叛逆心理的孩子进行沟通呢？

1. 不要凡事都替孩子做主

父母不要什么事都替孩子做主，适当放手，让孩子自己决定一些事情并承担后果，这对他是一种磨炼，也能让他感到自己得到了信任。父母管得太严，凡事都包办代替，甚至不允许孩子有不一样的声音，会让孩子认为自己不像一个人，从而产生挫败感，进而生出沮丧、愤怒等情绪。这些负面情绪积累到一定程度，就容易集中爆发，让看似听话乖巧的孩子做出不符合父母预期的事。在父母看来，孩子的这些言行就是叛逆的表现。其实，人都不喜欢受制于人。长期被控制，孩子必定反弹。所以，父母不应该责怪孩子变了，而要反思自己是不是做得太多了。

2. 注重以身作则

父母不能总是高高在上地要求孩子做这个做那个，想让孩子做到什么事，自己首先得做到。如果你每天下班回家就躺在沙发上看电视、玩手机、打游戏，那你怎么要求孩子回家后认真做作业、复习功课呢？或许你没办法教授孩子具体的学科知识，但是你得做出表率，让孩子养成有利于学习的习惯。

如果你自己都不能做到，那么孩子不会崇拜你，甚至会鄙视你，你说的话在孩子那里就会没有一点分量。在这种情况下，你再想管教他，他肯定不听你的，会和你对着干。

所以，为人父母，我们自己也要学习、要进步，给孩子做个榜样。

3. 定期和孩子沟通

周末吃饭的时候，父母可以和孩子沟通一下，因为这时候氛围比较轻松。父母可以引导孩子，让他讲一讲他这一周遇到的事情、有什么样的情绪等，好的坏的，都可以讲，甚至要鼓励他多讲讲他的痛苦、无奈、委屈。孩子叛逆，大多数都是从小小的压抑积累起来的，如果亲子之间没有沟通，孩子没有释放情绪的渠道，那么他就容易变得叛逆。

这里我再讲一下沟通的时间问题。我太太每天下班回家，第一件事就是跟孩子们沟通。很多家庭不是这样的，爸爸一回家先看手机，妈妈一回家先下厨房。吃完了饭，妈妈洗碗，爸爸玩游戏，孩子自己闷头做作业。到晚上九点半了，想起来要和孩子聊上几句，可那时候孩子都该睡觉了。父母一定要把和孩子的沟通摆在前面，先和孩子沟通，等孩子上床睡觉了，再去做其他事情。

4. 做到换位思考

这里讲的换位思考，其实就是不要总把孩子和别人比较。考试完了，知道了孩子的分数，父母可以和孩子一起分析一下，这次哪里进步了，哪里还需要改进，而不是说："你怎么才考这么一点分？你看看×××，人家成绩为什么这么好？"换位思考一下，如果你的孩子回来对你说："爸爸，×××的爸爸在公司是大领导，为什么你就是个普通员工？"你怎么想？

如果孩子考得不错，考进了班级前十名甚至前三名，那么父母必须给予鼓励。有的父母会泼冷水，说"怎么没考到第一名"之类的。理智地想一想，这样真的合适吗？能起到激励孩子的作用吗？

除了不比较成绩，在其他事情上父母也应该多注意。比如，孩子对你说："爸，这次夏令营很多同学都报名了。上次我就没去，很多同学都问我为什么不去，这次我也想去。"如果你确实有合理的理由不让孩子去，那么你们可以好好沟通一下，而不是你直接生硬地回绝他："不要跟我讲夏令营。什么露营啊？你给我好好读书！"你这样就没有换位思考，没有站在他的角度想一想他如何和同学说明，他会不会为难。

5. 尊重孩子的隐私

我两个女儿都有写日记的习惯，她们的日记本就摆在书桌上，我和我太太从来没有翻过。我们也从来不翻看女儿的信件、手机。

哪怕她们在青春期的时候，我们觉得她们可能交男朋友了，都没想过去偷偷看一下她们的私人信息。

不管孩子多大，他都有自己的隐私，有自己的自由，父母应该尊重他，给他私人的空间。

6. 不要质问孩子是否有恋爱对象

不少父母都很担心孩子早恋，其实，孩子在青春期对异性产生好感是非常正常的事。对于这种现象，宜疏不宜堵。父母越是反对，越是管得严，孩子反而越容易做出出格的事情。

比如，女儿和某个男同学走得比较近，妈妈就着急了，非要让女儿"坦白"两人的关系、平时都干什么……甚至闹到学校，让女儿在同学面前很没面子。这样做，女儿就容易和妈妈离心离德，以后有什么事都倾向于瞒着妈妈。这不就适得其反了吗？

我小女儿长得漂亮，读初中的时候就有男同学向她表白。她回到家像聊天一样跟我太太聊这件事，我太太也没有大惊小怪地说："你怎么初中就谈恋爱呢？多影响学习！可别干出什么丢脸的事！"如果我太太这样说，那我女儿今后肯定再也不会回家讲学校里的事。我太太很淡定地听女儿说完，引导她去想，在初中谈恋爱会有什么后果。女儿想了很多，母女俩深入交流了大半天，最后女儿自己说："我不会在中学的时候谈恋爱的。"而且，后来女儿长大了，每次谈恋爱，都会和我太太说，就像聊家常一样。她从不在这方面让我们操心。

在我们家，女儿们有什么事都可以摊开来说，因为她们知道我们不会不分青红皂白地做出批评，也不会强行要求她们按我们的想法去做，只会就事论事地点评她们这件事做得如何，并适当给一些建议。我们告诉女儿们：你们有发表意见的自由，爸爸和妈妈都是听众，我们是一家人。所以，女儿在我们面前没有秘密，没有小心思。

总结一下，我的两个女儿都没有过叛逆的举止，是因为我和我太太很注意管教的方式。我们管教女儿，比较民主；我们管教女儿，很尊重她们的隐私；我们管教女儿，会给她们沟通的机会；我们管教女儿，会换位思考，从她们的角度思考问题；我们管教女儿，不会去质问她们有关恋爱的问题。我们夫妻二人也不断地学习，追求进步，所以女儿们永远不会认为爸爸妈妈没有资格教育她们。

▦▦▦▦ 教育孩子，需要父母双方的协作

　　如果孩子不吃饭，父母应该怎么做？如果孩子在超市想买东西，得不到就躺在地上撒泼，父母又该怎么办？对于这些问题，父母可以提前沟通，尽量统一处理方式，而不要在孩子面前产生分歧。否则，孩子不吃饭，爸爸说"不吃拉倒"，妈妈说"不行，你必须吃，你吃了我就给你买……"，那么孩子肯定会选择对自己有利的方案。孩子在地上打滚，妈妈不理他，爸爸却赶紧买了孩子想要的东西息事宁人，孩子就知道这招对爸爸管用，以后专门这样对付爸爸。最后，我们不但没有达到教育孩子的目的，反而让孩子钻了空子。

　　我的父母在教育我的时候，很少出现分歧，或者可以这么讲，他们很少在我的面前表现出分歧。我父亲教训我的时候，我母亲

基本上没有意见；同样，我母亲处罚我的时候，我父亲也没有意见。其实，对于教育孩子，他们各有各的看法，但是，他们从来都用一致的言行对待我。

我觉得在教育孩子的问题上，父母双方一定要沟通、协调，要打配合，不能各弄各的。比如可以一个扮演红脸，一个扮演白脸。两个人都是红脸的话，孩子就没有人管了，会无法无天的；两个人都是白脸的话，孩子在家里会活得很痛苦。所以父母二人最好是一红一白，至于谁当红脸，谁当白脸，可以商量决定。

在我们家，通常是我扮演白脸，我太太扮演红脸，所以训孩子、责骂孩子的都是我。不过我一般在关键时候才出手。我教训完孩子，我太太就会去缓和气氛，用柔软的方式哄哄孩子。既然孩子已经知道了问题所在，就不要让他整日都生活在恐惧里了，还是要温柔待他。我太太不会因为我太严厉而当着孩子的面反驳我，我也不会因为太太看起来什么都不管、没有原则而责难她，我俩是配合好了的，一严一慈，宽严相济，都是为了好好教孩子。

但请注意，这里说一人红脸一人白脸，并不是两人意见有冲突，不是妈妈说"不能喝饮料"，爸爸说"喝一点有什么关系"。父母的教育理念应大概一致，方向应趋同，在此基础上一个严格一点，给孩子立规矩，一个柔和一点，安抚孩子的心态。这样才不会让孩子因为父母要求不一样而产生错乱感。

那么，父母要怎样才能做到想法一致呢？我觉得这涉及自我教育。先把自己教育好，再去教育孩子。自己的价值观不对，是不可能让孩子养成很好的价值观的。在家庭教育中，父母双方的价值观是第一重要的。有正确的价值观，才会有正确的教育理念；有正确的教育理念，才会有正确的教育方法；有正确的教育方法，才能把孩子教好。

作为父母，闲暇之时你可以多读读书，参加一些论坛或座谈，听听教育专家们怎么说。或许他们所说的不一定完全正确，也不一定完全适用于你家的情况，但总有一些观点是你没有考量到的，是对你有帮助的。

■ ■ ■ ■ 教孩子如何做，父母一定要亲身示范

有的时候，父母教孩子做一件事，光讲解一大堆理论或一连串的步骤，孩子很快就会忘记。这时，父母往往会怪孩子没有用心学。其实，不是孩子不用心，而是父母的方法欠妥。

有一个成语叫"百闻不如一见"，用在教育孩子上，就是父母和他说一百遍，不如亲自示范一遍让他印象深刻。

比如，你对女儿说："小霞，桌子擦得不干净，你得擦干净点。"你这么讲，或许孩子擦十次还是达不到你的要求。为什么？因为你根本没有让她知道具体的要求是什么。首先，你得告诉她，擦桌子不能光擦桌面，桌腿、桌子侧边也要照顾到，要先擦桌面，再擦其余部分；其次，你得告诉她，准备两块毛巾，一块干的一块湿的，先用湿毛巾擦去灰尘，再用干毛巾擦去水渍；再次，你

得告诉她，擦桌面的时候不是用毛巾在桌面上来回画圈，而是从左往右、从上往下一下一下地擦，确保每一个地方都擦到；最后，也是最重要的，你给她讲的时候，要一边讲一边亲身示范，给她直观的印象。这样，我相信你的女儿很快就学会了。

眼睛看到才能知道，鞋柜里的鞋是那么摆的，书架上的书是那么分类的，衣服是这样叠的，地是那样扫的。

你示范完之后，还得有追踪。让孩子照着你刚才的样子再做一次，你给他指出做得不到位的地方，加深他的印象。比如，买菜的时候，你告诉他如何选鱼、绿豆芽和黄豆芽有什么区别、韭黄和韭菜如何分辨……给他讲很多，他不一定能记住，所以你讲完之后，一定要他自己动手挑选、比较，让他自己通过实物真正体会到个中原理。

所以，对孩子的辅导，不是一个动作，而是一连串动作，你千万不要以为自己讲一遍，孩子就能精通。

▪▪▪▪▪ 搞定溺爱孩子的老人，可以这样做

我父亲对我非常严厉，在我小时候甚至经常打我。哪怕我成绩不错，他也很难给我一个笑脸。但是很奇怪，他从来没有骂过我的女儿，更别说打了，甚至对孙女们言听计从。我想了很久，隔代教育之所以会出现偏差，老人之所以容易对孩子的言行放任纵容，那是因为祖辈对孙辈没有责任。

我对我父亲说："爸，我很感谢你这么爱我的女儿，但是，该教育的时候还是得教育。我小时候，你经常打我，因为你是我的父亲，我是你的成绩，我是你的结果，我是你的勋章，所以你时刻不忘教育我的责任。而对我的女儿，你什么都顺着她们，看起来给了她们爱，其实你没有负责，是在害她们。当然，现在不提倡打孩子，但教育的责任，我得负起来，有的地方还需要你的配合。"

我父亲笑了，他知道我讲的是对的。

其实祖辈最大的问题，就是忘却了教育孩子的责任，一味地呵护孩子，最终发展成溺爱。孩子成绩不好，不关他们的事；孩子违反校规被记过，也不用他们负责。父母管一管孩子，他们甚至还会阻止："不要打。""别骂，别骂了，这不就是几块钱吗？""这不就是一件衣服吗？"他们都没想到孩子就这样被宠坏了。

那么，如何破解呢？

1. 和老人好好沟通

遇到在教育孩子方面有不同做法，大家打开天窗说亮话，讨论一下哪里错了、哪里做得对、哪里不应该这样、哪里可以那样。把你的道理摆出来，没什么不好意思讲、不敢讲的。你要知道，这都是为了孩子好。小孩在十岁之前，如果父母没把他教好，后面想扭转就很难了。

我认识一个孩子，奶奶溺爱他，总爱给他糖吃，孩子的父母想着老人这也是疼爱孩子，只是轻描淡写地提醒过老人几次。后来，孩子得了很严重的龋齿。

如果父母早一点和老人好好沟通，说清楚孩子吃太多糖的危害，或许孩子就不会受罪了。

还有一个问题，大家不要忘记了。爸爸妈妈、姥姥姥爷、爷爷奶奶，六个人，处理的方式可能有六种，会产生矛盾是很正常的。这时，六个大人商量好，尽量做到不管孩子在自己家，在姥姥姥爷家，还是在爷爷奶奶家，家长都是一个管教原则、一样的对待方式，这样对孩子比较好。

2. 不要愚孝

我非常反对愚孝，愚蠢地孝顺。比如妈妈在管教孩子的时候，奶奶护短，这时候爸爸不但不协调，反而指责妈妈："哎呀，我妈年龄大了，你跟她计较什么。""我妈是长辈，你跟她有什么好说的？"这就是愚孝。

婆婆和媳妇之间有辈分差别，但并不表示没有是非，可以不讲道理。是就是，不是就不是；对就是对，不对就是不对。一切都要以有利于孩子的教育为出发点。所以爸爸在这个时候不要和稀泥，不要不分青红皂白指责妈妈，而应该搞清楚谁的做法对孩子有利，然后站在谁的一方，尽量说服另一方。同理，妈妈在面对同样情况的时候，也要这么做。

要记住，父母是教养孩子的第一责任人，父母要负起这个责任，不要为了所谓的孝敬长辈，最终害了孩子。

3. 不能随意妥协

这里的妥协，有两个方面。

一是老人向孩子妥协。比如爸爸管教孩子，爷爷会说："你骂我好了。"像这种情况，就是老人用自己要挟我们，对孩子的不当言行做出了妥协。再比如，妈妈把糖果盒收起来，姥姥再拿其他零食给孩子；妈妈不给零用钱，奶奶私下塞给孩子一些零用钱，这都是妥协。

这样的做法很容易放大矛盾，而且孩子们都非常聪明，他们会利用这种矛盾来达到自己的目的。

有一次我在机场，看到一个妈妈带着一个四五岁的孩子和一个老人，妈妈推着行李车，让孩子自己走，但孩子想让人抱，一看妈妈不答应，就小声哭了起来。走在后面的老人跟上来，一看孩子眼圈都红了，就问："这又是怎么啦？"孩子立马哇哇大哭起来。

孩子知道，老人心疼自己，自己哭得越伤心，越容易达到目的。果然，老人弄清楚了原因，和孩子的妈妈说："我来推车好了，你抱抱他。"

二是孩子的父母向老人妥协。

有一次，我大女儿在我父母家调皮捣蛋，被我看见了，我对她说："你不可以这样子。"她不听。当着我父母的面，我也不好当场板起面孔，就说："我们回去算，我不会忘记这件事情的。你这么调皮，爷爷奶奶不管，等我回去管。"我父亲在一旁说："哎呀，都是小事。"我说："不，爸，你别把这个孩子宠坏了。如果你和妈袒护她，那么就会加重我对她的处罚。"我父亲非常了解我的个性，当即就不说什么了。我女儿一看这状况，也立刻规规矩矩起来。她知道，爸爸和爷爷奶奶之间是没有嫌隙可以让她利用的。

如果我父亲一说我，我立马妥协，我女儿就明白了，下次我管教她的时候，她可以找爷爷帮忙，那么以后我就没办法管教她了。

4. 尽量不在老人面前体罚孩子

父母处罚孩子，尽量不要当着老人的面进行。因为姥姥姥爷或爷爷奶奶看到孩子受罚，总是会很难受，也不可能一点都不制止。

其实我的两个女儿都被我打过，都是在我们家打的。我在我父母、岳父岳母面前，从来没有打过她们，连骂她们都很少。因为我不想让老人难过。虽然我不提倡打孩子，但是对于孩子的有些错误，父母一定要下狠心，让孩子知道永远不能有第二次。我小女儿上小学一年级时偷偷拿家里的钱，我发现后在家里狠狠打了她，她深刻意识到了自己的错误，从那以后再没做过。

总而言之，我们要很好地教育孩子，不仅需要学会如何与孩子沟通，也要学会如何与老人沟通。要以"对孩子有利"为出发点，防止老人溺爱孩子。

第二章

习惯早养成：
小习惯影响大未来

习惯代表个人的做事风格，指导个人的生活，习惯也彰显个人的教养，常常主导个人的命运。孩子的大部分习惯都源于父母的教导。任何好习惯都是在生活小事中养成的，但好习惯代表的意义并不小，往往能使人受益一生。

善用便签纸，治好孩子的"我忘了"

我家有一个规定，给孩子去学校送东西，只能送两次。结果我的两个女儿都是在小学一年级就把两次机会用完了。之后她们再从学校打电话来："爸爸，我忘了带水彩笔。""妈妈，你可以帮我送课本吗？"

我们会说："你的两次机会都用完了，我不会送的。"

"老师会批评我的。"

"没事，受着吧。"

从那以后，她们就再没有让我们送过东西了。

每天睡觉前，她们都会把书包检查一遍，确保书本文具都齐全，再把水杯等要带的东西放在书包旁边；有时还会在书包上贴张字条："明天记得带二十块钱，要交费"。第二天早起，挨个儿把东西拿走，一个不漏，再也没有落下过东西。

　　要想让孩子丢掉"我忘了"的坏习惯，父母除了强制性地不帮孩子弥补没带东西的过失，让他自己承担后果，还可以教给他一个最简单的方法：用便签纸提醒自己。比如，我女儿就写字条提醒自己带钱，这样多半不会忘。

　　父母可以让孩子养成记便签纸并贴在醒目处提醒自己的习惯，或者给他准备一个小的记事本，让他自己记录每天要拿的东西、要做的作业、要完成的其他任务，这样就能起到提醒的作用，确保他不忘事。

　　我们在工作中也会发现写备忘录的好处。为什么总有员工忘记这件事情，忘记那件事情？其实任何人都没有办法保证自己能记住每一件事，再强的大脑也会有忘记事情的时候，所以把事情记下来，给自己一个提醒，这一点非常重要。

我有一次出差，在上飞机的时候跟乘务员说："乘务员，麻烦你给我一本《时代》杂志。"她很快就拿来了。

　　我说："这是上一期的，我看过了，我想要这一期的。"

　　"这一期的在后面，等一下我找给您。飞机过一会儿就要起飞了，请您先系好安全带。"

　　说完她就去协助别的乘客放行李，检查乘客们是否都系好了安全带等。飞机起飞后，过了十几分钟，他们开始提供客舱服务，我就在想，我的杂志呢？正想着，那个乘务员过来了："先生，给您这一期的《时代》杂志。"

　　我一边接过来，一边说："谢谢，我还以为你忘记了。"

　　她说："先生，您放心，我不会忘记的。"

　　我问："为什么？"

　　她说："乘客有什么要求，我们统统写在本子上，把本子放在制服口袋里。每次忙完着急的事后，我们都会看一遍。"

让孩子养成善用便签纸的习惯，不但可以让他更独立自主地生活、学习，对他日后走上工作岗位，成为一名有职业力的员工，也是很有好处的。

提升主动性，让孩子不再拖延

孩子拖延，往往有两种情况。

第一，自觉性不够。

有的孩子，父母不在身边的时候，他就不做作业，一会儿玩笔，一会儿玩橡皮，摸摸这个，摸摸那个，甚至玩起了手机。这种行为，其实就体现出孩子学习有惰性，他根本不想做作业。即使父母在旁边守着，他也不一定能真正认真高效地完成作业，一定会见缝插针地磨蹭。在这种情况下，父母一直陪着孩子、盯着孩子根本不是办法。

我不会陪我的女儿一直读书。我太太也不会。我告诉她们：读书是你们自己的事情。

对于孩子拖延，我的观念是这样的：今天的作业没做完，不要睡觉。有的时候，父母要心肠狠一点。如果通常九点半睡觉，你要告诉他："现在八点了，你的作业只做了三分之一。没做完作业不能睡觉。"你要提醒他，并且要说到做到，让他知道没做完作业真的睡不了觉。否则他会一直拖。

有的父母一看孩子做不完，时间又很晚了，心疼之下，就帮孩子做作业。父母这样做对孩子而言，是一种悲哀。父母什么都帮孩子做了，孩子不但不会领情，反而会觉得自己读书是为父母而读的，那他还怎么有学习的动力呢？失去学习的主动性，他在学习方面就会越来越拖延。

第二，时间观念不强。

有时候，孩子拖延也可能是对时间还没什么概念。我们可以训练他在指定时间段完成规定的任务量，帮他培养时间观念。比如，"小宝，你把你的书包整理好，时间是 15 分钟，现在开始计时"，你说完开始帮他计时。对于经常拖延的孩子来说，哪怕给他 15 分钟，他也很难完成收拾书包这么一件简单的事情。如果他没完成，你就说："来，请你把东西恢复原样，我们再做一遍，还是 15 分钟。"如果他做到了，你就可以缩短时间，让他再来。如此督促他慢慢提高效率。再比如练字，规定孩子 20 分钟练完 100个字。

当孩子对时间有了概念后，他就明白从放学回家到吃饭之间的这两个小时有多长，自己能做多少事。这时父母再引导他规划一下对这两个小时的安排，他就能慢慢做到在规定的时间内完成任务了。或许刚开始，有时候还是会超时，但是没关系，父母可以帮助孩子分析原因，调整一下规划，或者找一些提高专注力、提高效率的方法，久而久之，孩子就能按时完成了。

▪▪▪▪▪ 家里没规矩，孩子不自律

有的孩子很淘气，总是不好好吃饭，要爸爸妈妈、爷爷奶奶、姥姥姥爷追着喂。也有的孩子贪玩，到吃饭时间了，不但不帮忙布置餐桌，反而在那玩自己的，父母三催四请都不去吃饭。我想，很多家庭都出现过这样的场景吧？其实这些都是不好的习惯。说白了，这就是父母没有给孩子立规矩导致的。

我大女儿在读幼儿园的时候，就总是三催四请都不来吃饭。我想着不能让她这么任性下去，于是和我太太商量："老大不吃饭，很麻烦。我们天天给她喂饭，追着跑，没有道理。我们是父母，有责任教养她，不能惯着她。我想了一个办法……"

到了周末，我决定实施我的计划。那天晚饭时，女儿在客厅玩。饭菜做好了，我说："阿乖（女儿的小名），吃饭了。"她好像听到了，又好像没有听到，反正无动于衷。我没再理会她，而是和我太太很快吃完了饭。而且我和太太事先就商量好了，饭菜做得比较少，我俩把饭菜都吃光了，一点没给女儿留。

吃完以后，我坐在沙发上看报纸，我太太在厨房洗碗。女儿玩得差不多了，到餐厅这边一看，餐桌上空空如也，再去厨房一看，妈妈都在洗碗了，灶台上也没有饭菜。

她说："你们都吃过了？"

我太太说："嗯，吃过了。"

"我还没吃呢。"

我在旁边就搭话了，说："我们以为你不饿。"

她说："不要开玩笑了。"

我说："我没有开玩笑。我叫过你了，你没动静。"

她看我一脸严肃，只好又去问她妈妈："妈妈，能不能再煮一点？"

我太太说："没有东西了，都吃光了。"

她说："要不你去外面买一点？"

我太太说："天都黑了，怎么出去？"

她又打开冰箱，里面也空空如也——为了让她得到教训，我们提前把冰箱都清空了。她快哭了，说："那怎么办？"

我太太说："没事，明天早上再吃吧。"

这时，她再也忍不住了，哭着跑回了自己的卧室。我太太回头看了我一眼，我知道她心软了，就说："面对'敌人'，绝对不能心慈手软。"

于是我和太太也不去搭理女儿，各自做各自的事情。到睡觉的时候，我太太去女儿卧室看了一眼，她已经睡着了，脸上还挂着泪痕。

我猜女儿半夜一定还会来找我们。果然，天还没亮，女儿就蹑手蹑脚地摸进了我们的房间，站在我太太那边，拉着被子小声说："妈妈，我快饿死了。"见太太又有点动摇，我马上抓住她的手，暗示她不要放弃。我太太明白我的意思，跟女儿说："快回去，天马上就亮了。"女儿很无奈，只好回去了。

天刚亮，我太太起身去准备早餐，发现女儿已经坐在餐桌边了，左手拿个调羹，右手拿个叉子，一副绝对不能错过这一餐的架势。

从那以后，她再也没有三催四请都不来吃饭了。

其实自始至终，我都没有打骂过女儿，因为不需要打骂。对孩子立规矩就是这样，方法对了，就有效果。

立规矩的方法有很多，大家可以根据实际情况操作。这里我只给大家提醒两点，建议不管用什么方法，都要以这两点为基准。

第一，父母讲话，只讲一遍。

我叫你吃饭，只讲一遍，你不要跟我说你没有听到。

第二，父母讲话，绝对不打折扣。

说今天没饭吃了，要等到明天，就一定等到明天，不可能半夜给你加餐。

不管孩子怎么哭，怎么闹，父母一定不要心软。如果你让步，那么以后你再也不可能给孩子立规矩。

■ ■ ■ ■ 讲究整洁的习惯请从小开始培养

孩子没有养成讲究整洁的习惯，父母就得替他邋遢的行为买单。如果你的孩子吃饭不掉饭粒，衣服总是干干净净，桌上没有乱七八糟的东西，那么你收拾起来也很快。如果你的孩子总是把东西乱放，总是把衣服搞得脏兮兮的，那么你的家务活儿就永远都做不完。孩子讲究整洁，会让你轻松不少。

更重要的是，外表干净的人总能给人留下好印象，让人更容易接受他的其他方面。人的心理有些奇怪，如果我对一个人印象很好，那么我对他的一些缺点反而也觉得可以接受；但如果我对一个人没什么好印象，那么他做什么事我可能都看不惯。虽然这样的想法很主观，并不可取，但事实往往就是如此。

在我们家，吃饭的时候，桌上会放一个碟子，是用来盛鱼骨头和肉骨头的。我告诉女儿们，不能"噗噗噗"地乱吐，而是要用筷子夹着骨头放进碟子里。有时候我们一家人外出旅游，就餐的时候会看到一些游客把骨头渣子随意扔在桌上，甚至扔在他自己吃饭的碗旁边，更有甚者，往地上吐，实在是不讲究。

把食物残渣放在适合的地方，这是一个餐桌礼仪。或许你会觉得我在小题大做，但我想说，这个世界上没有小事。我觉得从衣着打扮、举止谈吐这些细节中，是能以小见大，映射出一个人的品质的。

我们家对女儿有个规定，晚上睡觉前整理好自己的房间，早上起床后第一件事就是整理自己的床铺。所以两个女儿从小就会先把床铺叠好，再去洗漱。我们家衣柜里的衣服怎么整理、橱柜里的碗筷怎么摆放，也都有大致的规定，孩子们都知道，所以，让她们摆，她们不会出错，也不会发生因为前一个人乱放而让后面用的人找不到东西的情况。此外，我们家还规定，谁喝了咖啡谁洗自己的杯子，谁用了剪刀谁就要放回原位，让家里井井有条。

现在我想请问，你知道你家的东西都摆在何处吗？如果我请你找一下你家的某本书，你能很快找出来吗？在我们家，东西都各归各位，比如谁拿了架子上的书，一定要插一个便条在放书的位置，一是提醒家人，二是归位的时候不至于乱放。有了这样的规定，即使东西再多，也能摆放得井井有条，确保很快被找到。

我们甚至玩过这样的游戏：我让大女儿帮我把《资治通鉴》第三卷找出来，她马上就能从书房的某一个柜子某一层中找到这本书。

我还有一个习惯，就是搬家的时候会把原来的家打扫干净，这是我母亲教育我的。我小的时候，我们搬家，母亲都要打扫干净了再走，于是，这也成了我的终身习惯。

有一次我在上海搬家，我对阿姨说要把房间打扫干净。阿姨说："先生，我们都要搬家了，还要扫地吗？"我说："把它扫干净了，房东会带人过来看的。我们打扫得干干净净的，新来的人才好开开心心地住进来。"这代表了我们的教养和习惯，也代表了我们做事的风格。

不仅是搬家，我到过的任何地方，离开的时候都是干干净净的。

我在酒店退房之前，会把用过的毛巾、拖鞋整齐地摆放在一起，而不是随意乱扔，还会看一看地上有没有水渍、纸屑，等等。我换办公室，也会把物品整理得整整齐齐，抽屉里不留杂物。

此外，不论在什么场合，准备的资料都非常重要，有时候往往会决定别人对你的印象和看法。给客户送文件，给老板送报告，给同行送档案，给研究院送论文，都涉及这个问题。只要东西是从你手上出去的，你都要仔细，尽量让它整洁无误。

我收过很多人送给我的东西，打开的时候，什么样的情况都有。有的信纸胡乱折起来塞在信封里；有的包裹随便包一包，也不封口；甚至有的易碎品没有做好保护措施，到我这里的时候都碎了。如果收到这样的东西，我就倾向于认为对方是一个不严谨的人。

我对自己送出去的稿子、文件，都非常仔细地核对，确保上面没有错字。请你想一下，你看过这么多短信、微信，从来没有错字的人有多少？你给别人发短信、微信的时候，会不会检查一遍改掉错字？我在发短信、微信、邮件之前，都会自己再看一下，确保没有错字，连标点符号都正确，才会发送。我认为，做人做事，要有严谨的态度。而养成这样的习惯，也有利于规避较大错误的产生。如果一个人常常检查自己的东西，那么他将来所犯的错误、所碰到的意外就相对较少，所造成的损失就相对较小。

我的两个女儿在申请博士的时候，材料都是自己准备的。她们从小就被我教育，要保持文档、物品的干净、整洁，所以她们交上去的资料都清清爽爽、一目了然。打印的文稿排版整齐，剪切的照片大小适中，连装订都非常仔细。这样的材料首先就能给审核的人留下一个好的印象，会让对方觉得你是一个非常认真、严谨的人。

任何好习惯都是在生活小事中养成的，但好习惯代表的意义并不小，往往能使人受益一生。孩子如果从小就养成讲究整洁的习惯，那他做什么事都会给人留下好印象。

守时的孩子更受人欢迎

守时是一种社交礼貌，任何理由的迟到都是失礼的行为。守时是自律的体现，越是成功的人，越注重时间观念。守时是信守承诺的体现，一个人如果没有时间观念，那么他的诚信会受到怀疑。守时是对对方起码的尊重，也可以换取对方对你的尊重。

我有一次乘飞机到美国去，在东京过境。那天晚上飞机停在东京成田机场，我就住在附近的日航酒店。由于第二天早上六点钟飞机起飞，四点半就要办登机手续，这就表明凌晨四点钟我就要吃早餐了。于是我问酒店的餐厅服务员凌晨四点钟能否吃到早餐。服务员回答说完全可以。

第二天凌晨三点五十分我站在餐厅门口，餐厅的门是关着的，但可以透过玻璃看到里面灯火通明，餐厅人员都在紧张准备中。三点五十八分，服务员已站在餐厅门口，准备迎接客人了。四点整，门准时打开，我的脚一踏进去，服务员和店长便一起鞠躬致辞"欢迎光临"。我问餐厅店长："你们每天都能这样准时开门吗？"

她说："是的，每一年、每一月、每一天都是这样开门迎接第一位客人的。"

他们守时的工作态度，给我留下了很深的印象。

有的人和别人约会，总是爱迟到三五分钟，并且认为不就几分钟嘛，有什么关系呢？其实，往往就是这几分钟，让人失去了对你的好印象。

我参加过一场结婚典礼，请柬上写着婚礼开始时间为十一点，可十点半的时候，礼堂还没布置好，到十一点的时候，司仪还没到，总算等到十一点半宣布婚礼可以开始了，又发现伴娘还没到……结果婚礼到十二点半才勉强开始，说它勉强，是因为新娘的一位娘家人还没赶到。

对比我参加过的另一场结婚典礼，请柬上写着开始时间为晚上六点三十三分。当时我还有点吃惊，为什么要把时间精确到分？当天，我六点半就到了，看到一切都准备妥当了。主人都站在门口迎宾，大厅里也都布置好了，服务员们井然有序地穿梭其中，为客人服务。六点三十三分一到，音乐响起，礼炮齐鸣，分秒不差。虽然这只是个案，但也能看出重视偏差与否，会给别人带来截然不同的体验。

守时是一种思想，也是一种行为。你如果把它变成一个习惯，那你就会从中获益。

孩子没有时间观念，凡事不守时，不仅会给人留下不好的印象，影响孩子的正常社交，还会让孩子衍生出做事拖拉、举止懒散等坏习惯，对孩子日后的学习、工作、生活都会产生很大的负面影响。

家长要时刻提醒孩子守时的重要性，在孩子重约守时的时候及时给予鼓励；要以身作则，有规律地生活，带着时间观念做事；要多督促懒散的孩子，采用设置闹钟、到点提醒等方式，帮助孩子做好时间管理。

■ ■ ■ ■ ■ 立规矩不会禁锢孩子的创意

不少人认为，立了规矩，让孩子受到拘束，会影响他的创意。其实，这个观念是错的。言行随便和做事有创意是两件事情，千万不要混为一谈。随便不代表有创意。

请问你有没有捏过陶土？因为陶土是软的，所以捏陶的时候可以随意塑形。塑形的过程，就体现了创意。捏完后，要把它完好地保存下来，就得烧制。这个烧制的过程，就是在定型、规范。如果不经烧制，陶土造型再好看，也没有实际用处，永远是一团软泥，稍微一碰就走样了，能用它装菜、装汤、装饭，或者做装饰品吗？

培养孩子的创意固然重要，但给孩子立规矩同样重要。孩子可以自由发挥，但不能任性随便。没有规矩，孩子天马行空发挥出来的，也不叫创意，而是胡来。

不少科学家，不管是对生活还是对工作都很严谨，他们会把自己的工作室、实验室打理得干干净净、井井有条。环境整洁了，东西规整了，一切都有规矩了，会更有利于人集中精神去发挥创意。

孩子有规矩，养成细心、严谨的品质，不仅不会影响他产生创意，还有利于他今后的工作。我想，没有哪个公司会不喜欢做事严谨、把工作处理得有条有理的员工吧。

第三章

学习会规划：
主动练就超强学习力

"工欲善其事，必先利其器。"想要学习效果好，首先要有端正的学习态度，其次要有合理的学习方法，最后还得合理规划学习和兴趣之间的精力分配。在适合的时候让孩子学习适当的东西，这是对孩子一生精神动力的有效安排。如果父母在这方面做得好，能引导孩子制订合理的学习计划，孩子将终身受益。

爱学习，才能会学习

我们都是过来人，知道学习是一件并不轻松的事。但如果孩子把学习当成苦差事，那么他是无论如何也学不好的。父母要积极引导孩子，使孩子真心喜欢学习。喜欢才能主动，有了主动性，才能学得好。那么，如何让孩子真心喜欢上学习呢？我有几个经验和大家分享一下。

1. 引导孩子建立关于学习的正向价值观

不少孩子和父母都有一个误区：小学拼命读，中学认真读，大学随便读。对父母而言，孩子考上大学，好像他们此生的使命就完成了；对孩子而言，上了大学，终于独立了，终于自由了，爸爸妈妈再也管不到他了。结果往往是，大学四年浑浑噩噩，毕业之后一无所成。我认为正确的顺序应该是：小学随便读，中学认真读，大学拼命读。请注意，我这里所说的"随便"，并不是随随便便，而是广泛学习，广泛接触各种知识，从中找到自己的兴趣。等到了大学，孩子读的大概率是他自己喜欢的东西了，而且他已经养成了很好的学习习惯，所以会拼命读。这才是比较正常的进阶状态。

想要让孩子把学习当成习惯，父母首先要帮孩子建立关于学习的正向价值观。

小女儿很小的时候，我就经常向她灌输关于学习的正面观念。当时我们村里有一位姓钱的老伯伯，他的两个儿子都很有成就，一个毕业于耶鲁大学，一个毕业于斯坦福大学，在职场上也成就斐然。村子里的人都很尊重他们。我就和女儿说："女儿看看，人家有知识，受人尊重。有钱没有什么了不起，钱没法比的，是学问。有了学问，就会受人尊敬。"

我们总说"知识就是力量"，这就证明学习的重要性。所以我告诉我的小女儿，读书很重要，学习是自己的事情，长大了受人尊敬。拥有知识，就有力量。

让孩子有了这样正向的价值观，他才愿意主动学习，才愿意把学习当成一个习惯。

千万不要用一些不太好的情况去吓唬孩子，比如告诉孩子"你不好好学习，将来……"，要正面引导，不要威胁吓唬。

2. 让孩子把学习看成一种游戏

学习固然辛苦，但也是充满乐趣的，父母应该鼓励孩子，告诉他们可以把学习看成一种游戏、一种娱乐。

如何让孩子发现学习的乐趣，在游戏里学习？

（1）引导孩子平衡发展左脑和右脑

人的大脑分为左脑和右脑。一定程度上来说，左脑倾向于逻辑思维和分析，左脑发达的人，抽象思维能力强；右脑倾向于图形、创意等形象思维，右脑发达的人对人文、艺术的理解能力强。

很多科学家不只左脑发达，他们在从事和右脑相关的活动时也游刃有余。爱因斯坦就是一位出色的小提琴家，对音乐有很深的造诣。钱学森从小就喜欢书法、音乐、写作、绘画，上大学时还参加了各类艺术社团，在他看来，这些活动有助于放松大脑，起到劳逸结合的作用，更重要的是，"艺术能使心灵变得高尚，音乐让思维变得活跃与广阔""一个具有科学创新能力的人，不但要有科学知识，还要有文化艺术修养"。可见，左脑和右脑均衡发展是非常重要的。

文大创意设计（上海）有限公司董事陈文龙先生，于台湾成功大学工业设计系毕业，又在台湾大同工学院机研所工设组获硕士学位，从学历上看，他的专业领域是偏理工科的。但他要从事设计工作，右脑不发达是不行的，所以他坚持听音乐、欣赏歌剧、收集精美的艺术品、读各类文学作品，不断开发自己的右脑。他从业三十多年，获得了众多设计类、创意类奖项，也把公司管理得不错。

父母可以观察一下孩子平时的言行和学习情况，分析孩子的左脑和右脑是否得到了均衡发展，并着重引导孩子发展不太擅长的一方面。

我小女儿小时候左脑比较发达。有一天她放学回家，走到她的房间门口就问："谁进过我的房间？"

我太太说："你怎么知道？"

她说："床上面靠近枕头旁边，有个人坐过的大的凹印。"

我太太说："是我坐的。"

她又说："我的书架谁动过了？"

我太太说："你又是怎么知道的？"

"第一层第四本书有点歪。"

我太太跟我说起这事，我说："哎哟，这个小鬼左脑发达，我得帮她练练右脑。"于是一有机会我就让她去学音乐、学美术，带她到湖边去写生。她大学学的是工业工程专业，但她还是学校电影社团的导演，在大二的时候就开始自己写剧本了。

很少有人生来就左脑右脑都很发达的，需要后天引导、练习。这就是父母可以帮助孩子的地方。

讲了这么多均衡发展左脑和右脑的必要性，可能你会问，这和引导孩子发现学习的乐趣、在游戏里学习有什么关系呢？

偏右脑的文体类活动，比如声乐、绘画、各种体育活动等，相比相对而言显得枯燥的各类知识，本身就是充满乐趣的。它能帮孩子调节紧张的学习状态，也能让孩子全面地发展身心。孩子做完这些活动，一般都会心情愉悦，能以更好的状态投入学习。

偏左脑的一些活动也并不枯燥，比如动手类的、观察类的。让孩子通过这些活动锻炼逻辑思维，认识到理工类科目有意思的一面，也有利于鼓舞他们继续学习。

这里还需要说明的一点是，提到右脑型活动，可能大多数家长想到的都是美术、音乐等艺术类的活动，但其实体育类活动也不可忽视。

现在我们的教育越来越重视孩子的体质，小学生几乎每天都有体育课。孩子多运动，对身体发育有利，也为好好学习打下了体质基础。所以，父母应该积极引导孩子热爱运动。

（2）要让孩子从小就亲近书本

要让孩子亲近书本，从中吸取自己喜欢的知识，体验学习的主动性。

我家有一间书房，分门别类放了我们一家四口的书，我们管它叫"藏经阁"。其实除了"藏经阁"之外，我家到处都摆放着书籍。客厅、卧室都有书，甚至厨房里也有一个小书架。有时候我太太在厨房做饭，两个女儿就会在那里看书，陪着妈妈。我家没有酒柜，也没有电视柜，我们一家人都不怎么看电视，我总是鼓励孩子多多看书，我和太太一有空闲，也都是坐在沙发上看书。

父母的习惯非常重要。有的孩子边吃饭边看电视，多半就是因为爸爸或者妈妈喜欢这么做。我家吃饭的时候，我们总会找话题聊一聊，一顿饭也吃得很轻松。吃完饭大家收拾完毕，各干各的，工作的工作，学习的学习。

在我两个女儿还小的时候，非常流行看连续剧。那时候不像现在网络很发达，那时候电视机刚刚在老百姓家流行起来，一家老小都喜欢坐在电视机前看连续剧。但是，连续剧这种东西，一看起来就没完没了，爸爸妈妈看，孩子也会跟着看，看不了的时候还惦记，那还怎么学习呢？所以，我很少让孩子们看电视，我和我太太也不看。

现在有的父母总是给孩子带着手机、iPad 等电子产品，孩子一闹，就把电子产品塞给孩子，让他打游戏、看视频打发时间。孩子是不闹了，但坏习惯也养成了。相比读书，游戏、视频更能给孩子提供即时的娱乐，孩子当然更喜欢这些东西了。而这些东西接触多了，孩子就更难以静下心来读书了。对书本缺乏兴趣的孩子，又怎么能爱上学习呢？这是一个恶性循环。父母要帮孩子转变观念，首先就要为孩子创造条件，打破这个循环。

我女儿们平时的休闲活动，都有看书这一项。女儿们出去玩，也会带着书。我自己出差时也会带书，以身作则。

有一次我们去阿里山玩，路上遇到大堵车，几百辆车堵在一起，一动不动。很多人都在车里发呆，我们一家都在车里看书。可见，父母带给孩子的影响很重要。

（3）引导孩子自己动脑筋

孩子问你问题的时候，你不要马上给答案，要多和他探讨，引导他思考，自己求解。

具体怎么做呢？孩子还很小的时候，不会查资料，你可以给他一些线索，带着他思考。等他大一点了，你就可以在家准备工具书，让他自己查阅。

我的两个女儿读初一的时候，我通常就不再回答她们的问题了，而是鼓励她们自己去查资料，去书里找答案。"藏经阁"里面有各式各样的工具书，孩子们有问题都可以找相关书籍查阅。后来有了电脑、通了网络，查东西就更方便了。

我们应该多鼓励孩子自己寻找答案，不要动辄就说："妈妈告诉你。"听起来你很重视教育，其实你给答案给得太快了。你常常给答案，孩子就不爱主动思考了。而且，你能保证你给的答案都是对的吗？

讲完引导孩子自主思考的必要性，我们回到最初的问题，这和引导孩子发现学习的乐趣、在游戏里学习有什么关系呢？

孩子对一个地方有疑问，在查找的过程中，一定会触及不少其他相关知识，这就让他开阔了眼界。看起来他好像是解决了一个问题，其实他收获的知识远比解决一个问题所需的知识多，这种成就感也能让孩子倍感愉悦。

而且有时候，解决问题 A 需要的知识包含知识点 B，孩子又要去查阅知识点 B 到底怎么回事，很可能牵扯出知识点 C，这样一步一步如同打开盲盒一般，让孩子体验到在知识乐园里探险的乐趣。

总而言之，兴趣是最好的老师，让孩子体会到学习的乐趣是非常重要的。

3. 不要一直陪着孩子做作业

我有一个观点：父母一旦陪孩子学习，他就永远会认为这是爸爸妈妈该做的事。我告诉我的女儿们：学习是你们自己的事情。

我跟我太太很少陪女儿们做作业，但我的两个女儿现在都学有所成。由此可见，陪孩子学习并不是孩子成才的必要条件。

父母总是陪着孩子做作业，那么一旦父母不在身边，孩子就可能走神，干别的事，玩来玩去——孩子已经把父母在身边当成自己做作业的必要条件了。这会让孩子非常被动，学习毫无效果。在这样缺乏主动性、收效甚微的学习状态下，孩子又怎么会真的爱上学习呢？

如何让孩子爱上学习呢？首先，要建立一个价值观，学习很有用；其次，要营造利于孩子阅读的家庭环境，让孩子在这样的氛围中长大，他一定比同龄人更喜欢读书；最后，有了前面两点的铺垫，父母就不用再陪着孩子做作业了，让他自主学习。

■ ■ ■ ■ ■ 好的学习态度是学得好的基础

所谓工匠精神，是一种职业精神，是职业道德、职业能力、职业品质的体现，是从业者的一种职业价值取向和行为表现，其基本内涵包括敬业、精益、专注、创新等方面。职场上都在提倡工匠精神，拥有相关特质的员工也有更高的竞争力，秉持工匠精神的企业也大多可以基业长青。

我把工匠精神简单解释成三个词：第一个是专业，第二个是专精，第三个是专一。专业就是一生做一件事，专精就是把事情做深、做透，专一就是心无旁骛。

其实，工匠精神也应运用到学习上。专业，就是认真对待书本，认真对待知识。专精，就是系统地学习，对于一个知识点能够纵横贯穿，能说出这个知识点的来源、发展，以及与其有横向联系的知识有哪些，把自己的知识脉络形成一张网。专一，就是学这个的时候不想别的，不要像猴子掰玉米一样。

在学习上没有工匠精神的孩子，往往会有这样的不良习惯：乱丢，乱学，乱改。什么是乱丢？把书乱丢，从来不会很有秩序地摆在书架上。什么是乱学？没有系统地学，甚至学的东西对他没有帮助。什么是乱改？就是三分钟热度，喜欢的时候学一下，不感兴趣了就抛诸脑后。如果总是这样，那么什么都学不会，学不精。

要让孩子学得好，首先就要端正他的学习态度，让他把工匠精神融入学习心态，不要乱丢，不要乱学，不要乱改。只有做到这三点，认真沉淀，才可能走上专业、专精、专一之路。

▪▪▪▪ 专注力强，学习效率才会高

有人问我："余先生，你怎么知道那么多？"坦白讲，我知道的东西不算很多，比我有学问的人太多了。我只能说我读书很快，所以吸收的知识相对多一些。为什么我读得快？因为我的注意力比较集中。我读一个小时，可能顶别人读两三个小时。

在工作中，你可能也发现，大家的工作时间差不多，工作内容也差不多，但有的人干的活儿就更多，总是最先完成任务，甚至还有学习的时间。原因只有一个，就是他做事有专注力，心无旁骛，集中精神于手里正在进行的事情，会专心地把事情做好。

我常常觉得，一个人能否有所成就和他做事是否专注有很大的关系。不管是在学习中，还是在工作和生活中，想要有所成就，都离不开专注力。

牛顿养了两只猫，一只大一只小，它们很喜欢在牛顿做实验时跑来跑去。两只猫出门时，一拱门就出去了，但进来时就比较困难。所以猫咪总是在外面用爪子抓门，"喵喵喵"地叫个不停，直到牛顿帮它们开门。

牛顿决定解决这个问题，就在门底下挖了两个洞，一个大洞由大猫出入，一个小洞由小猫出入。

或许有人会嘲笑牛顿：真傻，还是物理学大师呢！两只猫走一个洞不就可以了吗？

其实故事真正要说明的是，牛顿做事情非常投入，他做实验时已经到了一种忘我的地步，连这一基本常识都忘了。

还有这么一个故事。

牛顿约朋友到他家吃饭。朋友来了，他还在楼上做研究。于是，朋友跟他开了一个玩笑。因为饭菜都摆在桌上，所以朋友把食物吃完后，把骨头放在盘子里，盖上盖子，然后走了。牛顿做完实验后下来吃饭，把盖子打开一看，说："哎哟，我吃过了，我都忘记了。"

牛顿在做学问的时候，专注到了如此地步。可见要想成功，做事专注是必要因素。

对于孩子来说，做事专心，最起码可以提高他们的学习效率，让他们收获更好的学习效果。

我太太听说她的一个学生每天晚上九点钟就睡觉了，她有点不相信，因为这个学生的成绩特别好。一般人都会认为成绩好的孩子很用功，晚上会多学习一会儿，我太太也这么想，于是她好几次晚上九点过了打电话到这个学生家，每次他妈妈都说他已经睡觉了。后来，我太太通过在学校的观察以及家访，发现这个学生上课的时候非常专注，因此听课效率很高，老师讲的东西他基本在课堂上就弄明白了，有什么问题也及时问及时解决。回家后，他不吃水果，不拿零食，也不看电视，总是先做作业，而且做的时候很认真，不会同时干别的事，做完后再复习或者预习一下书本知识，然后自己找点练习题巩固知识点。有时候他妈妈把饭做好了让他先吃饭，他说："妈，这一步我做完了再来吃，你们先给我留着吧。"他不喜欢思路被打断。

你一定觉得，这样的学生多半是个书呆子吧？其实他玩得不比别的同学少。他也看电影、看漫画、打游戏、读小说，还会打篮球、游泳。他的成绩好，并不是用时间堆积出来的，而是在学习的时候集中注意力，保证高效率。他就是那种学习的时候不想玩、玩的时候不想学习的学生。

有的孩子喜欢边听音乐边做作业，美其名曰听音乐有利于思考；有的孩子一边做作业一边嚼着口香糖，说这是在帮助自己放松。其实，孩子这样是没法把注意力完全集中在作业上的。

父母应该提醒孩子，做作业的时候就专心做作业，不要干别的，一心不能二用。同时，我也给父母们提一些建议。

第一，当孩子在做作业的时候，你不要叫他做这个做那个，不要一会儿说你做饭没有调料了让他去买，一会儿又让他帮你递个盘子递个碗。如果在孩子做作业的时候家里来了客人，你可以让孩子礼貌地和客人打招呼，然后去另外一间房继续做作业，不要一会儿对孩子说："小兰，帮妈妈把桌子收拾一下。"一会儿又说："小兰，给客人拿点水果。"

第二，孩子的书桌上只能摆放与学习相关的东西，不要左边放着一瓶饮料，右边摆着一盘水果，让他边吃边做。

第三，不要在孩子做作业的时候去和他说无关紧要的事情，打断他的思路。如果父母不注意这些细节，在这样的环境中，孩子怎么能专注于做作业呢？别人一小时能完成的作业，他做三个小时都是不奇怪的。

第四，现在有不少二胎家庭。如果你家里有两个孩子，大孩子已经上学了，小孩子年纪还小，那么你一定不要想着让大孩子在学习的时候帮忙照看小孩子。你认为一个读小学三年级的哥哥，带着一个上幼儿园小班的妹妹，他能把他的作业做好吗？甚至妹妹他也看不好。

不仅是做作业，孩子在做任何事时，父母轻易不要去打扰他。要让孩子从小就培养专注力，养成做事专注的习惯。吃饭的时候不要读书，读书的时候就是读书。有些小朋友一面吃饭，一面读书，可能眼睛还盯着电视节目，外面有狗叫，他又立马跑到窗边看一看，结果书没读好，也没吃好，得不偿失。

请记住，同时给孩子多个指令或任务，会严重影响他的专注力。所以你应该尽量避免这种情况，让孩子读书就专心读书，娱乐就专心娱乐，不要一心二用。

第五，父母还要为孩子营造有利于集中注意力的氛围。具体而言，可以从以下五个方面入手。

（1）灯光

孩子学习时，灯光不能太强，太强的光线刺眼；也不能太弱，昏暗的灯光容易让孩子犯困，而且这两种光线都会让孩子很快产生视力疲劳。最好给孩子选一盏学习专用的护眼灯，既可以保护孩子视力，也有助于孩子专心学习。同时要注意保证屋内大面积的灯光，不要只开一个台灯。屋内得有充足的照明，台灯可以作为补充光源。

（2）温度

太冷或太热都不舒服。那么最适宜的温度是多少摄氏度？我也说不好，因为每个人的体质不一样。我个人觉得 24 摄氏度左右比较舒适，你的孩子喜欢什么样的温度，还得你去了解。同时要记住，不要让孩子对着空调吹。

（3）声音

完全静悄悄，一点声音都没有，你可能做不到，也没必要。但是走路声、讲话声、电视声、音乐声，还有妈妈爸爸做家务的声音，都是干扰，父母可以尽量在这些方面注意一下。比如在家里穿鞋底比较软的拖鞋；父母干活儿、拿东西，尽量不要有太大的噪声；如果父母想看看电视，刷刷短视频，那么尽量把声音调小，而且不要在孩子旁边播放；等等。此外，如果你家窗户对着马路，或者因为楼层较低而比较吵，那么可以想办法做做隔音。

（4）颜色

房间墙壁最好是淡蓝色的，淡黄色、淡青色、米色也不错，浅色有镇静心绪的效果。深红、深咖啡色、深绿、深黑，是绝对不要的颜色，它们太压抑、太刺激了。

（5）家人的陪伴

上面说的都是环境因素，其实还有一个最重要的因素，就是家人的陪伴。

比如，孩子在学习，你在他旁边看电视；孩子在读书，你叫他一起去参加饭局；孩子在做作业，你们夫妻俩在一边吵架……请问，孩子还能专注吗？

再比如，孩子在学习，父母却都睡觉去了，那么慢慢地孩子也不想用功了。如果父母能给予陪伴，孩子就会更有动力。这里说的"陪伴"不是要父母坐在孩子旁边，而是可以在一旁做自己的事，比如看书、看报，或做做工作上的事，既不要打扰孩子，让孩子分心，也不要让孩子觉得只有他一人在用功，要营造全家人都在努力的氛围。

你肯定会问："需要做到这样吗？"我的建议是，能做尽量做。我没提到的方面，你发现有利于孩子的，也是可以做的。

■■■■■ **多读书，还要会读书**

　　我们以前有一个词语，叫"标准答案"。坦白讲，我很讨厌背东西，从小读书就不喜欢死记硬背。在出国留学后，我的这个诉求得到了满足——学生的答案如果跟老师讲的一模一样，跟书上的一模一样，成绩等级就会非常低。（在我留学的学校，老师不给学生打分数，而是评定 A、B、C 等。）每次做作业或者考试，学生都需要发挥自己的创意，而不仅仅是死背理论。

　　如果总是讲求标准答案，那么培养出来的学生就像工厂里制造的乒乓球一样，每一个都是一样的，大家想法都一样，都遵从标准答案，那还会有什么创意呢？

　　我在工作中就发现，有的员工做起事情来总是缺少想法。这样的员工往往很少读书，总是用相同的方法去工作，做事情很主观，而且不善于思考，很少问"为什么"。这样的工作方法，又如何能使自己的能力得到提高，让自己有所晋升呢？

所以，现在我们的教育也在转变观念，不过于强求标准答案，而是鼓励孩子们自主思考。那么，不看标准答案，答案从哪里来呢？从书本中来。

有一句话说："一个人不多读点书，他不会有什么思路。"创新离不开广泛的阅读。可是为什么有的孩子也在读书，依然没什么创意呢？可能是因为他看的书不够"杂"。

读书这个习惯要从小培养，而且读书不是只读教科书，要多元化地阅读。只读课内的教材，容易变得认知匮乏，看事情不够全面。所以除了学习课本上的知识，还要课外阅读积累知识。

我小女儿在初中时喜欢读各种各样的杂志，科幻类的、地理类的、文摘类的……只要不过度影响功课，我原则上是不禁止的。没想到她看起来读了很多与学习无关的东西，等她上大学的时候，这些东西都发挥了作用，让她有了不少多元的创意。她参加了学校的表演社团，还当了导演。所以我觉得，不少人缺乏创意是因为：第一，一毕业就不太读书了；第二，在学生时代也只读课本，很少读别的书。

那么，除了课本，还可以让孩子读点什么书呢？

第一，它很系统地介绍一种科学或者一种观念；第二，它言之有理，而且经过时间的检验；第三，它对人生和工作有很大的帮助。

我有一个建议：希望父母多注意孩子读什么内容，不要以为他坐在那看书就是在进步，一定要读点有意义的书。当然上网是可以的，看点小说、动漫，也没问题，但是只靠这些想成长起来是不可能的。父母可以帮助孩子做一下筛选，不要让孩子沉迷于各种漫画、网络小说等，这些内容可以作为消遣，适当阅读，达到放松的目的，但是它们几乎没有营养，多读是无益的。

此外，不光要多读书，想要读完之后真的有所收获，还得做点读书笔记，总结心得。看书不是随便翻一翻，就往床边一丢。请问，你的孩子每个月读哪些书？有条理地读的是哪些？做笔记的是哪些？读完了写结论的是哪些？对他这一生有帮助的是哪些？

读书不在多而在精。哪怕每个月只读一本，但是这本书的内容不错，孩子做到了系统地阅读，那也会让他大有收获。

我小女儿读过《林肯传》，对我说要向林肯学习，可没过多久我问她书中的内容，她已经忘了，学习更是无从谈起。于是我让她再读一遍，并且问了她几个问题：

- 这本书读完，你觉得最让你受启发的地方是哪几个？

- 这些对你有启发的地方，你最想实践的是哪几个？

- 要做到这样，你该如何去操作？你想到了什么方法？请写出具体的方法。

- 你打算多久做到这样？

她读完后认认真真地思考了我的问题，有了自己的答案，还写了一篇简短的手记，记忆深刻多了，也真正能督促自己学习书中人物的正确做法。

父母可能给孩子买了不少书，但孩子真正读进去的有多少呢？有的孩子读书只是看个热闹，从来不做笔记，也说不出来自己想从书中学到什么，能说出来的或许没有总结出方法，有方法的或许没给自己制订执行计划和时间表，总之，过不了多久，他就把看过的内容抛诸脑后了。所以，父母除了引导孩子广泛阅读，还要引导孩子正确地读书，让他真正把书中的内容内化成对自己有用的东西。

鼓励孩子读百科全书

    父母在给孩子选择图书的时候，要买一套百科类的书。尤其对于年纪小一点的孩子，一定要买一套儿童百科全书，作为科普启蒙读物。这些书里包含基础的物理、化学、自然、数学、地理等知识，而且呈现形式都很有趣味性，能够吸引孩子，帮助孩子培养对这方面知识的兴趣。

    我两个女儿小时候读的那套百科全书，我一直舍不得丢。尽管她俩现在都成家立业，但那套书对我们全家而言仍然很有价值。因为书里留下了我们全家的阅读痕迹——她俩小的时候，我和太太带她俩一起读，她俩大一点了就自己读，遇到相关问题，就会拿出书来翻一翻，不知道把那套书翻了多少遍。

    有时候，孩子的一些问题，你不见得能答得出来，比如"为什么太阳快下山时是红色的呢？"这是我小女儿问我的一个问题。

那天我正好在院子，她问了我这个问题。我大概知道这和光线折射有关，但也不能确定，为了鼓励她思考，我告诉她可以先查一查百科全书。于是她回屋看了书，了解了大概原理，又按书中说的用瓶子装水做试验，印象更加深刻了。

我再提一个问题，你一定很难回答。38 摄氏度的天气热得不得了，但为什么用 38 摄氏度的水洗澡，不觉得热呢？如果孩子问你，你怎么回答？哪怕你知道答案，也别马上回答，而是引导孩子自己去书里找答案。

现在网络很发达，上网搜索，立马就能查到想要的东西，但即便如此，百科全书还是非常重要的，因为它有系统性，而网上查到的东西都是碎片化的。不管是自然科学、社会科学，还是人文科学，想获取知识，系统地阅读都是较好的方法，所以，一定要为孩子准备百科类书籍。

▪▪▪▪▪ 孩子偏科，父母有一半责任

所谓偏科，就是孩子喜欢某一科目，成绩不错，但另一科目的表现就不尽如人意。比较常见的，就是孩子偏文科或者偏理科。

孩子偏科，与遗传、生长环境等都有一定的关系。比如，如果爸爸妈妈都是学文的，那么孩子偏文科的概率非常大；如果爸爸是医生，妈妈是工程师，那么孩子很可能会偏理科。

此外，偏科也和孩子自身的特质有关。有的孩子比较喜欢记忆、背诵、阅读，那么他的文科成绩就会不错；有的孩子对推理、逻辑感兴趣，那么他就可能更喜欢理科的内容。

当然，这些都不是绝对的。孩子对不同的科目感兴趣的程度不一样，这很正常，父母要注意的是合理引导，不要让孩子把这种不同发展得极端化。

发现孩子有偏科现象，父母不要着急质疑孩子的智力和能力，不要不分青红皂白就责怪孩子，要先分析问题的根源。有的孩子文科成绩非常好，数学学起来吃力，很可能是他的逻辑思维还没得到很好的开发；有的孩子做物理题、化学题非常轻松，但是右脑没得到发展，那他最多只能算应试高手，很难有创意。这时，父母要帮助孩子消除对不太擅长方面的畏难情绪，然后引导他在这方面尽量做好。

我发现，理科成绩不太理想的孩子，往往更容易产生畏惧心理。他们在一次次打击下丧失兴趣和信心，最终灰心失望，很难再提起兴趣了。比如数学，如果孩子总是看不明白几何图形，总也解不开一元二次方程，慢慢地孩子就会对数学失去兴趣。所以父母要多让孩子尝到成功的滋味，在具体的生活中培养孩子的数学思维，这样孩子对数学的热情才会逐渐恢复。对于在其他科目上偏弱的孩子而言，这一方法同样适用。

我大女儿读小学的时候，作文写得很好，遣词造句非常得当，感情也真挚，但是她的数学很一般。等到上了初中，数学就更不好了，比如正弦、余弦、正切、余切函数，她总是出错。那段时间她几乎将数学撇在一旁。

于是我总是趁假期，带着她一点一点地复习，巩固知识，又给她买科学小实验的材料，跟她一起做实验，让她体会程序、逻辑和动手的过程，试图帮她提升一点兴趣，不过成效并不大。我知道，她总在做题中遭遇挫折，心里有障碍。

有一天，我们一家开车去郊游，看见远处有一座塔，我对大女儿说："我知道那塔有多高。"

"爸爸，你要上去量一下吗？"女儿取笑我。

"用三角函数就可以解出来。"

"又是三角函数，我头都大了。"女儿苦恼地说。

"今天就让你见识一下三角函数的厉害。"

后来，我带着女儿回家取了一个量角器，回到我们郊游的地点，测量了一下从这个地方看塔顶的角度，又带着她从测量点直线开车到塔底，车上的行程表就显示了两地的距离。之后，我给她画了一张图，利用三角函数将塔高解了出来。

虽然这样测量得到的数据不一定准确，但我们通过动手过程把原理弄明白了。女儿一路上和我玩得很高兴，也在轻松的气氛下掌握了用三角函数解题的方法。

从此以后，她觉得数学似乎也没那么可怕了，主动从数学课本的第一页开始，努力补上了自己落下的数学知识。

所以，我才说，孩子偏科，父母有一半的责任。如果父母能合理引导，用恰当的方法帮助孩子，就能尽量让孩子做到全面发展。

说到这里，我还有两句题外话想讲。

孩子不偏科，文理平衡，除了让孩子的成绩均衡以外，还能让孩子的人性更圆满。比如，如果孩子偏文科，比较感性，那么父母可以引导他注重对数理知识的学习，增强他的逻辑性，让他遇事能冷静一点，理智一点；如果孩子偏理科，思维比较直接，做事没有转圜的余地，那么父母可以引导他接触一点人文的东西，让他学会包容，学会沟通。

有一个说法很有道理：建设一个国家，理工、科技是钢筋，人文、艺术是水泥。父母们要记住，不要让孩子在太小的时候就偏科。对于孩子的教育，最好是自然科学和社会科学并重。

■ ■ ■ ■ 不要让兴趣影响了学习

对于孩子的兴趣，父母首先要有主见，不能跟风。

大家都在学钢琴，我儿子也要学钢琴；现在流行跳芭蕾舞，我女儿也要跳芭蕾舞。这样的观念不正确。父母要根据孩子的特点去引导他发现并发展兴趣，而不是人家怎么说、市面上流行什么，就让孩子学什么。

对于孩子自己提出的兴趣，父母也要搞清楚，孩子是不是真的有兴趣？孩子对一件事产生兴趣，往往是暂时的，尤其当他发现需要长时间枯燥的练习时，就更容易变成三分钟的热度。

比如，孩子说："妈妈，好几个同学都会弹钢琴，我也想学。""爸爸，我的好朋友在学书法，我也要学。"看着同学们朋友们做什么事，自己才想到去做，这不一定叫真正的兴趣，这是从众。而且，孩子可能听到同学弹了一首很好听的曲子，看到朋友写的字不错，就想自己也能和他们一样，结果发现从不会到会，再到做得好，中间需要大量的练习，还是挺辛苦的。这时候，如果这不是他真正的兴趣所在，他就很容易放弃。

其次，对孩子兴趣的培养不要操之过急。

我的两个女儿都学过一段时间的钢琴，但我没有给她们买钢琴，而是给她们报名了钢琴班，让她们先学学看，如果她们能坚持学下去，到时候再买琴也不迟。否则，早早买了钢琴，万一她们坚持不了多久，钢琴闲置是一种浪费。结果没几个月，她们都放弃了。我给了她们尝试的机会，免得日后她们说自己没成为钢琴家是我的过失。至于能不能坚持，就要看她们自己了。

再次，对于孩子所谓的兴趣，要正确引导。这分两方面。

第一，对于小学、初中的孩子而言，父母要注意不要让兴趣影响了学习。

我认为，孩子的兴趣特长，一半源于天生，一半靠后天培养。中国有句话："龙生龙，凤生凤，老鼠的孩子会打洞。"把这句话和教育孩子联系在一起，还是挺有道理的。画家的孩子通常喜欢画画，音乐家的孩子通常也喜欢搞音乐。之所以会这样，除了遗传因素，就是环境影响。孩子看着父母整天画画、唱歌、弹琴，耳濡目染，也更容易对这些活动产生兴趣，而父母能给他提供更专业的条件，方便他把兴趣很好地发展起来，甚至以后也走上专业道路。当然，这也不是绝对的，但大多数情况是这样。

而对于普通家庭而言，孩子培养一些兴趣是可以的，但是否要把兴趣当作专业走下去，需要从长计议。

对于孩子，尤其是还在上小学或初中的孩子而言，学习永远是第一位的。这里我们提出学习的重要性，并不是要让父母只盯着孩子的成绩，而是要提醒父母，在九年义务教育阶段，基础知识的学习是很重要的。你可以让孩子在学习之余，适当参加兴趣班，陶冶情操，放松身心，但不能本末倒置，为了让孩子走专业道路而让孩子放弃对基础知识的学习。

我太太是音乐老师，她说："终身对音乐都很有兴趣，而且能走到底的学生并不多。"我太太音乐班的孩子，最后有一半都放弃了，没有放弃的也没在这个领域做出什么成就。一千个学钢琴的孩子里，能出一个郎朗，实属不易。孩子有兴趣，父母可以支持，但是想要走专业的路，就必须把问题想清楚。要知道兴趣变成专业，是非常不容易的，没有一路坦途。

你的孩子可能只是有点兴趣，你就认为他将来是一个音乐家、美术家、烹饪家？不太客气地说，你的希望多半会落空。所以当你的孩子对一些活动表现出兴趣的时候，我给你一个忠告，可以让他尝试一下，但要有所取舍，不要什么班都报。因为你的预算有限，他的时间有限。在他感兴趣的活动里选一个，先让他试一试，等过了一段时间，他还能继续保持兴趣，那么你可以支持他学下去。

第二，对于高中以上阶段的孩子，当他试图把兴趣和专业联系起来的时候，父母哪怕不赞成，也宜疏不宜堵。

我大女儿读高中时，读了希腊罗马的神话，对这些东西很感兴趣，说今后想要学考古专业。其实以我对她的了解，我觉得她这只是空想，但我没有直接反对，而是给她买了一些考古相关的书。她读的是希腊罗马神话，我买的是考古方面的专业书籍。

我还跟她说："等寒暑假我带你去埃及看看，去希腊走走，去历史博物馆逛逛，看真正的考古是怎么回事。"结果，过了大半年，她没再提这件事了。这在我意料之中，所以我当时也没深究原因。后来我才知道原因，她说："一天到晚在野外工作，会不会晒黑？"我听着都想笑，但我没笑出来，我心想："太阳晒，都怕了，还想当个考古学家？"我知道，即使我不反对，她也不会去读考古专业的。但是，如果我一上来就反对，那么她很有可能一条道走到底，坚决地报考考古专业了。

后来她看了居里夫人的传记，又想成为化学家，最终也不了了之。在这个过程中，我基本上没有和她对着干，我想让她自己先试试看，能不能走下去，如果她能坚持，我才会考虑是否支持她。最终，她找到了自己的志向所在，去英国爱丁堡读了金融学，现在从事的也是这方面的工作。

我有一个员工、一个客户，他们都曾跟我讨论让孩子到哪里去学习动漫绘制的问题。我就问他们为什么想到让孩子去学这个，得知他们一个人的儿子喜欢画画、看漫画，另一个人的儿子喜欢打网游，两个孩子都想成为专业的动漫制作人员。最后这两个孩子是否学有所成、学以致用，我没有追踪了解。

在这里提出这件事，我想先问一下大家，打着动漫游戏，就能打成网游设计师吗？当然，这也不是不可能。但是你认为走这条路，成功的人多吗？所以我说：兴趣和专业，二者只是有关联，但没有绝对的因果关系。孩子对什么事有兴趣，不管靠不靠谱，父母可以适当提供资源，让他多方面了解这个兴趣，不要一上来就反对，要让孩子明白自己是否适合把这个兴趣当作专业来做，哪怕不适合，也要他自己发现，自己主动放弃。

如果你有认识的人从事相关工作，你可以和孩子说："孩子，我发现你在这个地方还真有点天赋。但是妈妈要告诉你，真的很有兴趣和以后要从事这个专业，并不一样。如果你想把它当作专业，那么你现在要做什么样的准备，你未来的路可能是什么样子的，我可以带你去拜访几位在这个专业工作的叔叔阿姨，你可以跟他们聊一聊。"

最后，孩子在发展兴趣的时候，父母还要提醒他，学校的功课还是要读的，身体还是要照顾的，运动还是要有的，不能为了兴趣放弃了其他更重要的事。

孩子成才与上辅导班没有必然联系

在我们读书的时代，几乎没有辅导班。那时候孩子们的学习节奏都跟着老师走，没有谁超前学习，也很少有人在外面"开小灶"，但最后成才的人并不少。可见，孩子成不成才和上没上过辅导班是没有必然联系的。

之前有一段时间，学科类辅导班在市场上大行其道，不少父母趋之若鹜。但仔细想一想，孩子的时间、精力都是有限的，孩子也是人，不可能无限度地劳累，父母为了提高孩子的考试分数一味给孩子增压，最终是很难有好结果的。

随着"双减"政策的出台，学科类辅导班大大减少，兴趣类辅导班又崛起了。不少父母一面焦虑孩子的数学、英语等学科无法通过补习提高成绩，一方面又纷纷认为孩子应该拥有一些才艺，于是依旧带着孩子穿梭于各类兴趣辅导班。在这些父母心中，好像孩子不上辅导班就没有完整的童年似的。结果搞来搞去，孩子的负担并没有减轻，反而更重了。

对于让孩子参加辅导班，我有这样一些看法。

1. 主次要分清楚

哪个为主，哪个为次，应该分清楚。先把主要的东西做好了，再去做次要的东西。

学校里已经开设了各学科的课程，也包含了音乐和体育。父母如果还要给孩子加额外的兴趣课，那就请把这额外的兴趣课当作次要的，把学校的功课当作主要的。主要的占孩子学习时间的80%，次要的占20%。

请注意，这里说的是学习时间。什么是学习时间？请看第二条。

2. 把孩子的时间分成三份

对于上小学和中学的孩子而言，一天的时间大致分为三部分（这里先不讨论学龄前孩子的情况）。一是学习时间，二是户外运动时间，三是休闲时间，其中，休闲时间包括了睡眠时间。

六岁至十二岁的孩子，户外运动时间至少两小时，睡眠时间应该为九至十一小时，再算上上下学、吃饭、短暂休息、玩耍的时间，休闲时间差不多有十四小时，学习时间大概有八小时。

十三岁至十八岁的孩子，户外运动时间为一两个小时，睡眠时间为八至十小时，那么学习时间可以多一点。

而这个学习时间里包括在校上课的时间、做作业的时间。其实这样一算，你就知道孩子并没有多少剩余的学习时间可以参加辅导班。既然如此，你何必要把孩子的日程安排得这么满，让他上很多辅导班呢？

3. 别盲目给孩子加辅导班

如果你觉得把时间分成三份的方法还不够直观，那么你还可以根据孩子的日程安排制作一个时间表。我们以一周为例。画出周一到周日这七天，用不同的颜色表示不同的事件，比如在学校用粉红色，回家做作业用绿色，运动用咖啡色，休闲、休息用黄色……最后剩下的就是可以上辅导班的时间。

这样，大概算出一周能用于辅导班的时间是三个小时，你就可以和孩子商量："儿子，我们算了一下，你一周可以有三小时的时间去上辅导班，你打算学点什么？"如果你能这样做，而不是不管孩子的需求，就比较客观。让孩子在合理的时间里选择自己感兴趣的、想学的课程，他的学习效果也会更好。

4. 想清楚给孩子选择辅导班，是必要需求还是出于从众心理

必要就是非这么做不可，从众就是大家都这么做，我也就只好这么做。

比如让孩子上音乐类辅导班，拉小提琴、弹钢琴、吹笛子等，如果是孩子有学习的兴趣，或者是想让孩子陶冶情操，这算是必要的。如果只是看到别的孩子都在学，便认为自己的孩子也一定要学一个才艺，这就是从众了。

再比如，有一段时间奥数班特别火热，好像孩子不学奥数就没法成才似的。其实并不是所有的孩子都适合学习奥数。父母盲目地把孩子送进奥数班，就是一种从众的行为。不但不能让孩子进步，反而增加了他的负担，对他没有真正的帮助。

5. 不要为了攀比而把孩子送进辅导班

我有一个想法，不知道你是否同意。你为什么这么在乎自己孩子的成绩好不好，有没有才艺？说白了，你是在乎你的尊严。你下意识地拿孩子和亲戚的孩子、同事的孩子、朋友的孩子做比较，你的孩子优秀，成绩不错，多才多艺，你就觉得脸上有光；你的孩子比别的孩子差一点，你就觉得没面子。

可以上学科类辅导班的时候，把孩子送去补习，希望孩子的

成绩能更上一层楼。学科类辅导班减少了，又把孩子往兴趣类辅导班里送，希望孩子多才多艺，总之要比别的孩子强。

其实你不是真的爱他，也不是真的在帮他。你不过是利用他来粉饰你自己罢了。这样说或许有些残忍，但从某种程度上而言确实如此。

父母一定要杜绝自己产生攀比心理，要以孩子的兴趣为重，以科学的时间规划为准。

做事不怕输：
做事的经验为孩子赢得更多机会

孩子在做事的过程中学习。作为父母，我们不要怕孩子做错事，要允许他们犯错，给他们学习的机会，让他们积累经验。有了丰富的经验，找对了做事的方法，孩子才会成长，才能赢得更多的机会。

▪ ▪ ▪ ▪ 会观察的孩子更会思考

为什么要让孩子学会观察呢？因为观察是学习的途径之一，也会启发思考，让人获得新方法。

如果你的孩子不太善于观察，那你就要提醒他学会观察，还要告诉他什么东西可以观察、应该怎样观察。而且不要观察完就算了，还得思考。你可以问问孩子都看到了什么、想到了什么，甚至可以提醒他把所看所想都记在笔记本上。养成善于观察、思考并记录的习惯，对孩子是很有好处的。

我经常用风景图片回忆法来帮助我的小女儿锻炼观察力。

我先给她看一张图片，问她："这个图片你看一看，有什么特点？"她说："这条河好像尼罗河啊。"那时候她喜欢研究埃及的事情，所以对尼罗河印象深刻。

我说："是的，你再仔细看一看还有什么。"她简单地又看了一下。

然后我把图片遮起来，问她："刚才那条尼罗河上面有船吗？"

"有。"

"几条？"

"好像是七条吧，因为我刚才没注意。"

我把图片给她看了一眼。她说："嗯，是七条。"

我收起图片又问："除了河面，河的对岸有船吗？"

"没注意到。"

我又让她看图。后来我又问她河岸上的风景，问她远处有没有金字塔、有几座金字塔，等等。

这个游戏，我们玩了大概半个小时，最后连树上有几只鸟，她都开始注意了。

这就是风景图片回忆法，目的是训练孩子去注意特别的信息甚至不明显的信息，以锻炼她的观察力。

遇到孩子有问题，你也不要着急给答案，先引导孩子自己观察思考，自己寻求答案，然后你可以和他讨论，看看他得出的答案是否合理。这样，他对答案的印象会更深刻，对获得答案的方法也更感到有趣，今后再遇到问题，他就更喜欢自己解决了。

有时候，孩子做错了事情，或者某些事情做得不好，你也不用着急帮他做，可以做一下示范，引导孩子观察——我的做法和爸爸妈妈的做法相差在哪里，我应该如何改进自己的做法。这样总结出的方法，孩子更容易接受，也记得更牢。

▪▪▪▪▪ 目标设置得合适，更容易实现

　　树立明确的目标和实现目标，要有先后顺序。在这里提两个词：一个是"明确"，一个是"顺序"。如果目标不明确，顺序也没有先后，就会一塌糊涂，最后什么都实现不了。

　　针对这两个关键词，我们可以从以下三个方面来思考。

1. 是否集中精力在几个重要的目标

　　人一次一般只能记住三件事情，没办法同时处理好多种事情。所以，定目标的时候，先集中精神定一两个目标。最多不要超过三个。达到既定目标之后，再设定新的目标。如果你说："余老师，我们有好多目标。"那么我建议你先做一两个，做到了，再定

别的目标。一口气设定好几个目标，最后的结果可能是一个都实现不了。

　　孩子考试成绩不理想，你千万不要说："小强，你看看你的成绩单，全军覆没，下次必须都及格！"如果你这样说，他可能会直接告诉你："妈妈，这太难了，我肯定做不到。"

　　我建议你这样和孩子说："小强，妈妈看到你的成绩单吓了一跳，全军覆没，真让妈妈有些担心。不过我们现在先不谈这个。小强，你觉得这几门课里面，哪一门容易考及格呢？"

　　"那当然是历史啦。我历史 58 分，其他的都在 56 分以下，而且我对历史很有兴趣。"

　　"好的，那我们就从历史开始。好歹先要有一门及格，其他的先不管。"

　　没过多久，历史及格了；又过没多久，地理也及格了；接着，语文也及格了；最后，连最难学的数学，成绩也取得了很大的进步。

所以，你何必要一口气设定多个目标呢？一两个就可以了。目标少了，就记得特别清楚，也能集中精力去攻克；目标多了，就会分散精力，反而影响孩子的积极性。

在帮助孩子设置目标的时候也是一样，引导孩子先找出一两个最需要实现的目标，先去做，成功之后再增加新的目标。

2. 是否设定的是现实的目标

所谓现实的目标，一般具有七个特征。

第一，可理解。一定要让孩子理解，目标是什么，有什么意义。

第二，可操作。这个目标一定是有办法达成的。如果没有可操作性，即使很努力也实现不了，那这个目标就是虚的，没有意义。

第三，有步骤。要帮助孩子分解目标，让孩子一步一步地实现。

第四，有方法。能够给孩子提供一些实现目标的方法。

第五，可检查。有没有达成目标，可以检查得出来。

第六，可修正。万一错了，还可以修改。

第七，可重复。这一轮完成以后，可以再来一次。

比如，你在暑假让孩子练习跳绳，要求他达到老师规定的1

分钟跳 150 次。第一，这个目标是老师要求的，孩子能够理解。第二，这个目标是科学的，符合孩子的能力，所以是可操作的。如果让孩子 1 分钟跳 1000 次，那就是一个假目标。第三，如果孩子体能偏弱，那么你可以帮助孩子分解目标，比如，30 秒跳 50 次，然后逐渐加码到 60 次、70 次，接着延长时间，40 秒跳多少次、50 秒跳多少次……引导孩子一步一步达成最终的目标。第四，在练习的过程中，你可以教给孩子一些方法，比如手臂怎么摆动、跳多高最合适等，帮助孩子练习。第五，可以随时观察孩子的动作，及时纠正。第六，在分步骤实现的过程中，如果发现当前小目标实现起来比较困难，那么可以适当调整。比如 30 秒跳 50 次不太行，那么可以减掉 5 次，试试 45 次。第七，当一个小目标实现后，可以重复这个过程，实现下一个小目标，直至最终目标达成。

3. 是否为这些目标寻求一个切入点并附带方法

当制定出目标之后，你还得告诉孩子，要想达成这一目标，需要想清楚两个关键的问题：

第一个，从哪里切入？

第二个，用什么方法切入？

做任何事都有一个切入点，切入就是从某个地方开始。好比我们要推倒一堵墙，不是使用蛮力去推，而是先找到这堵墙根基所在，在那里挖一个洞，再慢慢敲掉一块砖，接着敲掉旁边第二块、第三块……最后就把墙推倒了。这第一块砖，就是切入点。

有了目标，找到了切入点，还得有方法。就像上面提到的1分钟跳150次的跳绳练习，30秒跳50次就可看作切入点，在练习的过程中如何做动作，就是方法。如果家长能够这样合理引导，那么孩子就会日益明白如何给自己定目标，如何实现目标。

学会做规划，人生更有方向

　　每当文理分科的时候，不少父母都会和孩子有矛盾。有的孩子喜欢文科，但父母总觉得理科会有更好的出路，因此强迫孩子去学理科，最后弄得孩子很痛苦，丧失了对学习的兴趣和主动性。

　　此外，在报考大学专业的时候，父母和孩子也容易意见不一。这时候的不一致源于两个因素：一是父母凭自己的经验，觉得某一类专业更好；二是父母和孩子都不太清楚选什么专业合适。其实这两个因素，根源都在缺乏规划。

　　你的孩子喜欢理科，你为什么偏要他去学文科，将来读法律当律师？你孩子喜欢读文史，你干吗非要让他选理科，将来读医科大学当医生？不管文科还是理科，都有很不错的职业选择。孩子能否得到很好的发展，关键还是看所学的东西是否和他的兴趣契合，是否能激发他的学习主动性。

父母强迫性的做法，看似考虑了孩子以后的发展，其实是有百害而无一利的。

最糟糕的一种现象是，一个人经常换工作，而且学的跟做的完全不一样。我看过有的人读土木工程，结果毕业了到券商去找工作；明明读的是中文系，却要去银行当柜员；学了理科，又想去当英文老师……这些其实都是在浪费资源。既浪费了自己的时间、精力，也浪费了国家对大学教育投入的成本。而且，这样乱七八糟、毫无规划的求职之路，几乎不可能对个人发展有利。

我也见过有的学生，他们在大学里就改了专业。本来是念理工类专业的，突然又费力地准备转专业考试，想转去外语系，这样的跨度非常大，难度也不小。

虽然说人这一辈子也不是完全要一条路走到底，做出选择之后根据实际情况改变，是可以的。但一生的时间太短，不要因为缺乏规划而产生无谓的浪费。选专业，其实从高中就要开始考虑。对于父母而言，最好在孩子的初中甚至小学阶段，就大概了解孩子对什么有兴趣，孩子在哪一方面更擅长、更可能有发展空间，然后慢慢地去引导他、启发他，给他提建议。

人有了规划，才不至于稀里糊涂地过这一生。专业规划，或者说职业规划，只是人生规划的某一个方面。对于这一方面，父母可以引导孩子思考：我喜欢什么？我适合读什么？我将来想做什么？我现在学习的知识是不是我在工作当中需要的专业知识？我将来做的工作需要哪些知识？等等。

父母帮助孩子做规划，要注意两个方面。

一方面，要尊重孩子的兴趣。人最好的状态就是能去做自己喜欢的事。所以从高中分科开始，父母就要谨慎，不要想当然。

另一方面，千万不要跟风。不要看到编程挺火的，就让孩子去学计算机相关专业。这太功利了，也不一定符合孩子自身的特质，很难让孩子真正学有所成、学以致用。而且，等孩子学成以后，说不定形势又变了，编程不火了呢。

如果不太清楚到底什么方向适合孩子，孩子也没有表现出明确的兴趣点，那么父母可以多上网了解主流科目的大致情况，或者问一问熟人、朋友，或者向老师请教，多方面搜集资料，有助于分析判断。同时，也要多和孩子沟通，引导孩子产生自己的意见和想法。

有的父母比较尊重孩子自己的意愿，很少干涉孩子的志向选择和生涯规划，而倾向于让孩子自己摸索。他们并不是不负责任，而是希望孩子自主、独立，为自己负责。当然，他们也不是全然不管，在适当的时候，他们会给出自己的建议，供孩子参考。我觉得这样的做法值得推崇，人生是孩子自己的，路也得他自己去走，父母可以从旁辅助引导，但绝不能包办代替，甚至抹杀孩子的个人意愿。

建立资料库能让人终身受益

一个人一生当中会学习并熟练掌握不少的知识，而大致了解的知识就更多了。如何让众多知识形成体系，有需要的时候快速使用？做档案是一个很好的方法。

下面我分享一下我的资料库是怎么建立的。

第一，杂志和书，看完以后如果往书架上一插，就永远摆在书架上了。根据我的经验，你往往也不会再翻阅它。其实，如果这些杂志和书对你而言没有收藏价值，但里面的个别内容可以保留，那么你可以把有用的内容剪下来，贴在笔记本上。如果你舍不得撕毁，那么可以复印存档。以后你需要查找相关内容的时候，就不用想不起到底在哪里见过，挨个儿翻找了，直接翻阅资料夹，会快很多。

第二，把有用的内容留存下来之后，还需要分门别类地存放。不要把所有资料一股脑地放在一起，而要分类，天文、地理、哲学、文学、贸易、企管等。

第三，每一两年做一下清理，淘汰没用的、过时的信息。

第四，不管你身处哪个行业，从事什么工作，你都可以把你的工作经历整理成档案。我这几十年来，去过很多地方，换过无数工作，日本航空公司、泰国某工业园、美国的美妆公司、德国的汽车公司、中国台湾的家具公司……都留下了我的足迹。这么多年，我一直保持着留存与工作相关的行业信息、记录工作成败得失的习惯，以至于后来哪怕我离开航空行业了，有人问我相关的问题，我还能回答得上，而且，我在写书、准备给人讲课的时候，也能很快从这些资料里找到我需要的案例。这些东西我花了半辈子来积累，对我而言是很宝贵的财富。

你自己先这样做了，然后就可以教孩子也这样做，慢慢培养他建立资料库的习惯，从小积累。

你家的孩子读完的书到哪里去了？孩子获得了什么收获？有时候孩子可能当时还记得一些片段，再过一段时间，就什么都忘了。教孩子把他自己觉得有价值的东西保存下来，让他不至于白读书。

孩子对某一个领域感兴趣，看了不少这方面的书，你也可以帮助孩子积累知识，在这个兴趣上钻研下去。

其实现在有了电脑，建立资料库更容易了，而且保存的东西也能更多，查起来也更方便。但我们不能因为网络发达了，好像随便上网一搜，什么都能查到，就觉得建立资料库是一件没什么意义的事。一定要鼓励孩子，积累属于自己的知识库。

■ ■ ■ ■ 善于把握机会才会离成功更近

关于机会，我先给你三个建议。

第一个建议，要自己主动探索，主动发现，主动揣摩。

你是否常常因为没有及时跟进，而错失了不少机会？其实，机会需要主动去探寻、争取，不是坐在那里等就会有的。根据我的经验，等人家的话传到你的耳朵里时，往往就不叫机会了，因为知道的人已经太多了。

第二个建议，看到机会了，也别着急立马跳进去，在此之前要想几件事：

第一，这真的是一个机会吗？这需要看你对这个所谓机会的情况了解多少。

第二，这个机会我要用吗？这要看你有没有做这件事的资格和资源、你的条件是否符合要求。

第三，我什么时候利用这个机会？太早或许还不成熟，太晚了有可能错过机会，所以时机把握很重要。

第四，我利用了这个机会，能有多大的胜算？这需要你做一个预案：投入多少资源？怎么进去？成功之后还跟进吗？失败了又怎么办？

第五，如果我还没开始，就有别人发现了这个机会，先进入了，那么我是跟着进，还是寻找别的机会？

第三个建议，一旦决定要利用这个机会，就要会思考，要有解码思维。

解码的意思就是分解、拆解的意思。要把高端的愿望拆解成可执行的细节。成功没有那么难，困难之处在于如何贯彻、如何执行。

要解码，就要思考这么几个问题：

第一，现在的实际情况和目标相差了多少？

第二，这一差距是怎样产生的？

第三，这样的差距应该如何弥补？我自己有什么方法？我在别人那里又学到了什么技巧？

说得直观一点，就是发现问题、分析问题、解决问题。做好这一串动作，就可以顺利解码了。

　　你教导孩子，也可以按照上述三个建议来做。同时，你还要提醒孩子，抓住了机会，想要成功，还必须让自己具有三个特质：第一，做事自动自发；第二，做事注意细节；第三，为人诚信。具备这三个特质，往往更容易成功。

▪▪▪▪▪ 三招增强孩子的动手能力

有的父母认为自己没有经历好时代，所以一定要给孩子最好的生活条件；认为自己没有机会好好学习，所以一定要让孩子好好学习。他们给孩子好吃好喝，什么都买给孩子，什么都不让孩子自己动手做。他们以为这就是给了孩子最好的生活，殊不知这样反而害了孩子。这样的孩子毫无动手能力和自立能力，长大后怎么独立生活呢？

其实，孩子经常自己动手，不仅能锻炼双手，更能锻炼头脑。

那么，如何增强孩子的动手能力呢？我这里有三招。

1. 让孩子做力所能及的家务劳动

我小时候，社会整体的生活水平都不高，几乎每一家的孩子都会帮家长分担一些维修的活儿。我们家的保险丝烧断了，是我去修的；我们家的电灯不亮了，也是我去解决的。那时候我才上小学四五年级，家里组装电风扇、装保险丝、买灯泡、换日光灯等活儿，都是我做，现在想起来好像都不是什么不得了的事情。那时候虽然生活苦一点，但我很感激那个年代，锻炼了我的动手能力。

等我有了孩子，我也要求女儿们到了一定的年纪就动手做点她们力所能及的事。虽然生活条件好了，但我不让她们变成饭来张口、衣来伸手的人。

我们家的院子是分成四块的，我一块，我太太一块，两个女儿一人一块。我们各自管理各自的地，种自己喜欢的花草，自己浇水、施肥、除虫。有时候我们会一起坐在院子里一边喝咖啡一边欣赏自己种的植物。孩子们在劳动中付出了汗水，收获了美。

我们家也不是只有院子的工作分得这么细，其他地方、池塘、屋顶的花棚、室内等，都有分工。孩子们和我们大人一样，都要为这个家付出，都要承担家庭劳动的责任。

　　我们甚至还拿出一点预算，让孩子们自己布置自己的房间，增强她们的自主意识。

2. 不该出手时不要出手

　　我读书的时候，学校开设了劳动课，锻炼我们的动手能力。国外有的小学也有类似课程，在课堂上老师准备了布、针、线、纽扣，让学生自己设计制作外套，甚至男孩也要学针动线。哪个人这一生中不需要缝缝衣服、补补裤子？所以从小学就要学。

　　现在不少学校都开设了劳动课程，日益重视这一方面。作为父母，我们能做点什么呢？有的父母觉得，重视语数外等学科成绩就行了，劳动类课程可有可无，甚至有时候让孩子去做题，自己帮孩子做手工。这是不对的。父母不要帮孩子完成这些作业，要让他们自己去做。在动手的过程中，孩子的脑力也能得到锻炼，这对他们的知识类课程的学习是有益的。

3. 该放手时必须放手

每年开学季，不少高中住读生或者大学新生去学校报到的时候，都会带着父母，而且往往是妈妈提着包，爸爸拖着行李，孩子两手空空；在宿舍里，也都是父母帮忙布置、打扫。孩子都这么大了，这些事完全可以自己做。父母包办到这种程度，那是害了孩子，他将来进入社会，有了自己的家庭，又怎么自立呢？

我大女儿出国留学，是自己去的，她到学校一星期了也没有给我们打电话，我太太有些担忧，就给她打了电话。

"妈，你怎么打电话过来了？"

"你一星期都没有打电话回家，你那边都办理好了吗？"我太太问。

"嗯，差不多了，这星期太忙了，我要办理各种手续，要整理宿舍，还要自己装柜子，就没有给你打电话。"

"你还要自己装柜子？装好了吗？"我太太继续问道。

"已经装好了，还好，我按照说明书装的。妈，我发现，有的学生很爱给家长打电话，手续办不好要找家里哭诉，柜子装不上也要哭诉，连电饭煲都不会用。我不这样。"

由此可见，培养孩子的动手能力，对他们是有益的。因为父母不可能永远在孩子身边，总要放手让孩子自己做事。既然总要放手，那么晚放手不如早放手。早放手，你还有机会在他身边辅助指导，帮助他尽快学会怎么做好；否则，等到晚放手甚至被迫放手的时候，孩子反而要吃很多苦头。

第四章

做事不怕输：做事的经验为孩子赢得更多机会

■ ■ ■ ■ **辅导班给不了的七大思维**

1. 探索思维

孩子几乎从小都有好奇心，对任何事物都感到新奇，也总会提出各种各样的问题。父母如果没有给他解答，或者对他说："问那么多干吗？"那么孩子的好奇心慢慢就没有了。

其实好奇心是非常重要的，孩子对事物好奇，才会去观察、去思考，才会有学习的冲动。所以，父母不要总觉得孩子提的问题幼稚，不要总对他的问题表示不耐烦，要多给他一点耐心。父母也不要对孩子的问题立马给答案，可以引导他自己去观察、去思考，让他先说说他的想法，然后带着他一起查阅资料，去找答案。

2. 洞察思维

洞察的程度比观察更深。观察是认识事物、辨别事物。增强孩子观察的能力，有助于孩子认识事物、学习知识。洞察是观察得很透彻，能发现内在的意义或内容，也就是说，洞察是带着思考的观察。同时，洞察力也是创造力的基础。

父母要让孩子在观察的基础上思考深层原因，对任何现象、任何事物都可以思考其产生的根源。

3. 发散思维

发散思维是一种从不同的方向、途径和角度去设想、去探索，从不同层面进行分析，从正、反两方面进行比较，探求多种答案，最终使问题获得圆满解决的思维方法。它有助于人开阔视野，活跃思维，产生大量独特的新思想。

对于孩子提出的问题，父母要鼓励孩子大胆假设，小心求证，放开了想。要允许孩子天马行空地思考，而不要把他的思维局限在固定模式或标准答案里。

如果孩子在接受教育的过程中，没有发散思考的机会，永远以老师所给的答案、课本所讲的内容为准，那他就会失去主动性，也很难学有所成。

4. 举一反三思维

举一反三是一种运用类比推理的逻辑思维方法，让人能由一件事推及其他相关事物，能增强人的学习能力和解决问题的能力。

对于一些相关的事物，父母可以引导孩子思考其关联性。父母告诉孩子一件事的原理、解决方法，让孩子以此为依据，由此及彼，思考并找出其余相关事件的原理、解决方法，可以锻炼其举一反三的能力。

5. 乏晰逻辑思维

乏晰逻辑是什么意思呢？"乏晰"是英文 fuzzy logic 中 fuzzy 的音译，fuzzy logic 的中文意思是"模糊逻辑"。

模糊逻辑是美国国家工程院院士拉特飞·扎德在 1965 年提出的模糊集理论中引入的。相对于只允许结论为真或假的传统经典逻辑，模糊逻辑允许存在不确定性，模拟人脑根据不精确的信息和非数字信息做出决策的过程，来解决常规方法难以应付的模糊信息型问题。

训练孩子的乏晰逻辑思维，其实就是要告诉孩子，凡事都没有标准答案，并不是所有的事物都是非黑即白的，要在适当的情况下另辟蹊径，创新性地解决问题。

6. 规划思维

规划思维要求人看问题要全面，判断形式要客观，做统筹要有条理。经常问自己"下一步该做什么"，是做事有规划的一种表现。

我看到一些地方的城市建设，因为缺乏规划，各部门之间没有很好地沟通，重复施工的现象特别严重。今天自来水管有问题，就挖开路面检修，修好以后把土填回去；明天电路出现了问题，再挖开，修好以后，把土填回去；后天天然气出故障了，再挖开……今天挖明天挖，永远都是这样翻来覆去地挖。如果部门之间加强协作，一次性统一处理问题，就不会让城市街道像拉链似的开来开去，不但造成环境的污染，而且造成社会资源的严重浪费。

对于孩子而言，规划思维也很重要。懂得对学习做出规划的孩子能把时间充分利用起来，有效率地学习，学习效果更好，还不会耽误休闲娱乐。懂得对人生、求职做出规划的孩子，他的成长之路会一以贯之，从高中文理分科开始，到报考大学、选择专业，到毕业找工作，再到职场发展，他都能给自己规划出清晰的路径，让自己比别人多一分成功的把握。

7. 预见思维

人除了做事有规划，还得能根据现在的情况推测出将要发生的情况并做出相应的应对方案。这就是预见思维。

人的预见思维并不是与生俱来的。它一部分来自经验，是自己以往经历所积累下来的直接感觉和经验；一部分是创造性预见，能预见到前人所未能预见到的，后者是预见思维中较高层次的。

预见思维要求人以灵活和发展的眼光考察未来，在生活中多观察，多思考，多找寻事物之间的联系，增加实践经验。

父母要提醒孩子，在做出一个决定前要仔细考虑各种情况，尽量降低未知的风险；在做事的时候多想五步，不要只盯着眼前的事情，而要一面做一面推理，想一想现在这么做会对之后的发展产生什么影响；同时，发现问题，要能预见到其不良后果，及时修改方法。

以上七种思维，都需要日积月累地培养，不是随便报一个辅导班就能解决问题的。父母与其期待孩子读了辅导班就能大有长进，不如在这七种思维上花点功夫吧。

第五章

处世有修养：
在团队中成长成才

人是群居动物，在群居的生活环境中，人要学会合作，学会交际，学会顾全大局，才能适应环境，才能取得别人的信赖，最终有所成就。人只有融入团队，才能彰显价值，不被打败。所以，父母要在孩子小的时候就引导他如何与人打交道，让孩子把握好三点：彼此和善、友好亲切、凡事沟通。

要在家里培养团队精神

　　我常常跟大家说，一个家庭就是一个团队。团队和团伙是不一样的。一个群体或者一个团伙，就是一群人，他们相互之间可能没什么联系。但团队不一样，团队要有团队精神，团队成员之间要有凝聚力。家庭是个团队，因此在家庭里也要有团队建设的概念。

　　我妈妈是东北人，我小的时候，家里经常包水饺。水饺很好吃，我们全家都非常喜欢吃，但是给一家人包水饺不是一件轻松的活儿。我妈妈总是挑周末的一天来包水饺。这天全家出动，有的剁肉，有的洗菜切菜，有的拌馅儿，有的和面、擀饺子皮，都准备好了，大家一起包。全家有说有笑地劳动，开开心心地吃饺子、喝饺子汤。

大家合作包饺子，就体现了团队精神。在一个家庭里，家务事都是很琐碎的，大家一起动手很快就能做完，还不会觉得很劳累，而一个人做的话，就会感觉事情永远做不完，累得不行。如果在一个家庭里，父母忙了半天，孩子不帮忙做自己能做的事，或者哥哥姐姐在帮忙，弟弟妹妹不帮忙，那么这个家庭就不算一个团队，大家的凝聚力就没出来。

有时候，父母嘴上说要让孩子做一些力所能及的家务，实际上什么都自己干了，并没有刻意提醒孩子帮忙，以至于孩子很容易认为家里的事都是爸爸妈妈的事，不是他的事。所以，一定要让孩子真正参与到家庭事务中，让他感受到自己是这个团队中的一分子。

我们家吃完饭，我收拾碗筷、倒垃圾，我太太洗碗，女儿们擦桌子、摆椅子，等她们稍微大一些的时候，我会要她们洗她们自己的碗筷。虽然她们做的这些事情也很简单，由我和我太太来做的话也花不了多长时间，但我刻意让她们做，让她们有参与感，让她们知道家里的事情是需要大家共同完成的，让她们感觉到这个家就是一个团队。

那么，在家里培养团队精神，有什么益处呢？

第一，让孩子有责任感，作为家庭的一员，他能担负起自己的责任。

第二，让孩子体谅父母的辛苦，不至于成长为"小霸王"。

第三，对他日后进入社会也大有好处。这一点我想展开来讲一讲。

学校里面的课程绝大多数都是对科学知识的讲解。我常常在想，在家庭和学校里面，父母和老师到底给了孩子多少关于团队关系运作方面的教育呢？尤其现在的孩子都是家里的宝，六个大人围着一个或两个孩子，孩子很难体会什么叫团队生活。等孩子上学了，父母关心的也大多是孩子的学习成绩好不好、考试分数高不高，很少有父母特别注意到"我的孩子在学校里面人际关系好不好"。等孩子大学毕业步入社会参加工作后，我们就会发现：一个成绩很好的学生在公司里可能不太爱与人交流，总是跟别人过不去，也不会管人，当不好主管。而之所以会出现这种情况，就是因为他没有团队意识，和人搞不好关系。

家庭是孩子经历的第一个团体，孩子的团队意识应该是父母最先予以传达和引导的。如果父母不注意培养孩子的团队意识，等他在这方面出现问题，再和他讲要有团队精神，已经为时已晚。所以，父母应该多创造机会，培养孩子的合作精神，在家庭中强调团队建设，让孩子拥有团队精神，学会如何在团队中关心他人，负起责任，贡献自己的力量。

如果孩子在家庭中不懂得关心其他家庭成员，长大以后他会有团队精神吗？

某机场候机楼，一个孩子坐在椅子上面，爸爸、妈妈、爷爷、奶奶几个大人站在他旁边。妈妈告诉孩子要给爷爷奶奶让座，孩子高声说"不"。也许是因为孩子的倔强和调皮，在场的家长都笑了，妈妈也没有坚持。但不知是否有人想到，其实这是一个关系到如何教育孩子的问题。而且在现实生活中，往往就是家长的不坚定，导致教育漏洞的产生，以致孩子长大之后在同龄人中欠缺团队精神。

孩子从小就要开始养成一种观念：人是生活在团体里的，要帮助团体做事。父母应该教育孩子，在家里面要帮助兄弟姐妹、爸爸妈妈，在学校要帮助同学和老师。养成这样的观念，对孩子今后的发展大有裨益。

■ ■ ■ ■ 注重伦理，要从家庭教育开始

家长要教导孩子讲求伦理。在家庭中，伦理包括两个方面，一是平辈之间的伦理，二是平辈对长辈的伦理。

1. 对平辈友爱互助

现在很多家庭都不止一个孩子了，家长不仅要平衡对孩子们的爱，还要让孩子懂得相亲相爱，大的要照顾小的，小的要尊敬大的。

请想一想，兄、姐是怎么照顾弟、妹的，弟、妹又是怎么尊敬兄、姐的？这是相辅相成的。如果兄、姐不照顾弟、妹，那弟、妹干吗要尊敬兄、姐呢？反之，亦然。

先讲一讲兄、姐照顾弟、妹的问题。

有时，我会给大女儿一份水果或一份点心，对她说："老大，把水果分一下，给你妹妹。"然后我会观察她怎么分。你猜她会给自己多分一点吗？基本不会。要么平均分，要么给妹妹多一点。她是生来就这么懂事吗？也不是。在她身上，发生过这样一件事。

有一次我出差回家，给两个女儿带了一盒巧克力，女儿们对我表示感谢后就把巧克力拿走了。

第二天晚饭后，我随口问小女儿："巧克力好吃吗？"

女儿回答："不知道，我没有吃。"

我有些惊讶，又问："那巧克力呢？我看厨房有个空盒子。"

"都被姐姐吃光了。"

我很生气，立马把大女儿叫了过来，问清原委。原来大女儿也没有全吃，她自己吃了一半，把另一半分给了同学。我对她说："你能想到与同学分享，这很好。可是你不能忘记你妹妹。你要记住，爸爸妈妈生下你们两个宝贝，如果哪一天我和你妈妈都不在了，妹妹就是你唯一的亲人。我总是说，一个家庭就是一个团队，家庭成员之间要相亲相爱、互帮互助，难道你都忘了吗？"说到这里，我不禁严厉起来，"连一盒巧克力都没想到让妹妹吃一口，你也太没团队精神了！"然后我给了大女儿两个选择，一是自己到家门口罚站，二是让她走路去凤山给妹妹买一盒巧克力。

大女儿选择去给妹妹买一盒巧克力。那时候我家住的地方距离凤山有五六公里。所谓"养不教父之过"，孩子犯错，父母也首先要检讨，所以我和女儿一起去，一是出于安全考虑，二是为我做得不到位的地方负责，三是可以趁此机会和女儿好好沟通，教育她，启发她。

路上，我们谈了很多。当我们回家的时候，小女儿已经睡着了，大女儿把巧克力放在小女儿床头，还留了一张字条：亲爱的妹妹，姐姐对不起你。这盒巧克力，希望你会喜欢。

这件事之后，小女儿并没有对姐姐心生不满，大女儿也更懂得爱护妹妹了。每当大女儿有照顾妹妹的举动，我都会表扬她做得不错，像个姐姐的样子。我这么说，也是在给她做正向激励，让她以后也记得要照顾妹妹。

再讲一讲弟、妹尊敬兄、姐的问题。

有一次，我听到大女儿在客厅训她的妹妹，言辞严厉。大女儿是坐着的，小女儿站在一边，一直听姐姐讲，一言不发，也不反驳。后来小女儿上楼去了，我就对大女儿说："刚才你那样讲妹妹，我不知道前因后果，不能评判对错，但我认为你的态度太严厉了。可能让她非常难受，以后稍微注意一下。"

我不会一味批评大女儿，护着小女儿，因为姐姐管一管妹妹，这很正常，但是我得让大女儿知道，要选对方法，要有好的态度，不能无故欺负妹妹。不过我不会当着小女儿的面说"哎老大，你这样不行，你什么样子"，如果我这样说了，那么以后妹妹就不会把姐姐当一回事了。大女儿在一些事情上替我们夫妻俩照顾妹妹、管教妹妹，妹妹应该要尊敬姐姐。

兄弟姐妹之间要有爱，要互助，更要有大小观念。现在有的家长的观念有些莫名其妙：女儿要让儿子。儿子重要，女儿不重要？这是没有伦理的表现。哥哥要护着妹妹，弟弟也不可以骂姐姐，照顾和尊敬是相辅相成的。

我有一次在餐厅，看到一个妈妈带着一儿一女，女儿看起来是个中学生，儿子很小，四五岁。弟弟一定要喝姐姐的饮料，但是不和姐姐好好说，而是直接去抢，姐姐不乐意，拿着饮料就要走，弟弟抱着姐姐的腿大哭大闹。妈妈在一边，对弟弟说："你得问，姐姐，我能不能喝一点你的饮料。"弟弟大喊："姐姐最坏，我不问。姐姐的就是我的！"我当时都震惊了，怎么会有这样没礼貌的小孩？然而我很快明白过来，因为他们的妈妈听到这句话后，一言不发，根本没觉得弟弟说得不妥，也没有立刻严肃地教育弟弟。看来他们家的家长平时就对弟弟不尊重姐姐的言行感到无所谓，甚至是纵容。后来姐姐起身去洗手间，妈妈立刻把姐姐的饮料拿给弟弟喝，姐姐回来之后有点生气，但也无可奈何。

我想，这对姐弟长大以后，关系也不会好到哪里去。

2. 对长辈恭敬有礼

我还发现，一些小孩习惯打爸爸、打妈妈、打家中的老人，把这个当成一种乐趣。我曾在小区里看到一个很小的孩子"啪啪"地打他的奶奶，奶奶却一点都不管教。这太奇怪了，孙子怎么能打奶奶呢？太放肆了。

教孩子尊敬长辈，也是伦理教育。孩子可以和长辈有不同的意见，但是遇到争议的时候，要好好沟通，不能对长辈出言辱骂甚至动手。如果孩子打你，你没有制止、教育，那么他长大后很可能一言不合就打你耳光，甚至如果你不满足他的需求，他会起杀念。这不是在危言耸听。

孩子在家庭中养成了伦理观念，在学校乃至工作中，才能敬人爱人，从而收获良好的人际关系。

培养同理心，考虑别人的感受

同理心，是一个心理学概念，是指设身处地地理解别人的立场和感受，站在对方的角度体会对方的情绪和想法。这里讲的同理心，简单一点，就是做事说话要考虑别人的感受。

比如冬天，北方不少城市的超市等地的门口都挂着帘子，前面一个人掀起帘子出去后直接松手，帘子冷不防就打在后一个人身上，那么前面这个人就没什么同理心。如果前面的人出去后能帮后面的人继续掀着帘子，等后面的人接手后再松手，这就好很多。进电梯也一样，如果你先进去，那你可以按着开门键，等门外的人都进来再关门。家长经常这样做，孩子就学会了。

我有一次去吃自助餐，看到前面一个妈妈对孩子说："这个炸虾好吃，我们多拿一点。"他们就每人都夹了七八只，几乎把取餐台上的虾都拿光了。他们这样做，后面的顾客还要不要吃呢？相反，如果妈妈说，"这个炸虾挺好吃的，我看很多人都喜欢吃。你先夹一两只，吃完了再来拿。后面还有很多人在排队，大家一起分享才好"，孩子就会受到正面的教育。

　　我有一次在外面散步，看到一位妈妈牵着一个小孩从一名残疾人身边走过，那个小孩可能有点好奇，盯着那名残疾人，还用手指着对方大声说："妈妈你看，他怎么了？"等残疾人走过去以后，他妈妈就蹲下对他说："宝宝，我知道你是好奇，但如果你是那个人，你喜欢被人家这样看吗？"

　　"我不喜欢。"

　　"所以宝宝，以后不要再这样做了，他和我们是一样的。"

　　这位妈妈能蹲下和孩子说话，本身就说明她在意孩子的感受，对孩子有同理心，她对孩子的教育，孩子也是能听进去的。

　　我太太也是有同理心的人。我家的保姆说过："太太，我在很多家做过保姆，主人家几乎不会躺在床上的只有你。"这名保姆是钟点工，在我们家工作了好多年，她每天早上九点钟来，我太太几乎不会九点钟以后还没起床。

保姆来了，自己还躺在床上是很难看的。而且保姆要来收拾房间，要来洗衣服，主人家躺着，保姆也不方便干活儿。因为我太太不会这么做，我的两个女儿也不会这么做。我们不折腾人家，这也是有同理心的表现。

如果你认为，反正保姆就是来搞卫生的，那她一边收拾，你一边乱丢垃圾，把水果皮堆一桌子，这样的做法就不对了。

有同理心，还表现在讲公德上。

最近我在网络上看到这么两件事。

一个孩子在高铁上吵闹不停，家长不但不管，别的乘客劝说制止，家长反而愤怒地说："我的孩子我管不好，我控制不了他！""嫌吵你们坐高级的去！"无独有偶，另外有一家人带着孩子坐高铁，孩子全程都在踢前排座位的椅背，前排乘客多次提醒，家长始终不加以制止。

这样的家长，可以说毫无公德心，他们的孩子也很难培养出公德心。

　　在公共场合约束自己的言行，不要影响到其他人，这是家长应该教会孩子的。孩子从小不注重规范，长大了吃亏的还是自己。

　　你打电话的时候是肆无忌惮地在公共场合大声说话，还是尽量找人少的地方低声说话？你的孩子在家会不会"咚咚咚"跑来跑去，影响楼下的住户？如果孩子有影响邻居的行为，你会不会及时制止？父母要以身作则，并时时提醒孩子注意这些方面，让他养成习惯。

◼◼◼◼◼ 多参加社会实践活动，感受自身价值

国外大学的入学考核，一般包括五个方面：第一，过去的学习成绩；第二，入学考试成绩；第三，社会实践活动参与情况；第四，个人专长展示；第五，老师推荐函。如果一个学生成绩挺好，但没有社会实践活动的经历，那么他也很难被好的大学录取。在这些大学的理念中，一个对社会没有贡献的人，算不上真正的人才。

我们国家的中学、大学入学考试，并没有这样的规定，但这并不代表孩子们可以不注重社会责任感的培养，可以不参加社会实践活动。

有的父母认为，孩子的任务就是学习，除了上学、做作业，别的都不需要管。有的父母心想，我就这么一个心肝宝贝，让他

出去劳动，万一受伤了怎么办？孩子小小年纪，还需要爸爸妈妈照顾呢，干吗要去受苦？还有的父母觉得孩子参加社会活动容易上当受骗。总之父母有各种各样的理由表示，孩子没必要参加社会实践活动。

其实，参加社会实践活动，对孩子是很有好处的。第一，可以让孩子多接触社会，多看看书本以外的世界，而不至于封闭在家庭这个小环境里，成长为不曾经历风雨的娇花。第二，可以提高孩子的动手动脑能力，培养孩子的独立性。第三，有助于增强孩子的同理心、助人之心和爱心，让孩子拥有好的道德品质。

我上中学的时候，学校会组织大家参加义务劳动。每逢周日，全体同学在学校集合，然后带着扫帚等清洁用具去凤山体育场、菜市场、公园做清洁。直到今天，我仍然对当年的集体劳动记忆深刻。

其实，参加社会实践活动，也没有想象中那么复杂。

对于上幼儿园的孩子，父母可以引导他，比如放学回家，问问他"今天有没有帮老师和同学做事？"而不是只问"今天在学校吃的什么？吃饱了吗？"之类的。要让孩子把关注点从自己身上移到周围的世界中。带孩子在小区里散步的时候，看到倒下的自行车，和孩子一起去扶一下；看到掉在地上的塑料瓶子，让孩子捡起来扔到垃圾桶。这些简单的事，其实都属于社会实践的范畴。

孩子上了小学，父母可以和孩子一起收集整理不需要的书本、文具和衣物，送给需要的人；也可以关注一下社区有没有组织打扫社区环境之类的活动，鼓励孩子去参加。

孩子上了中学，可以参加去敬老院、福利院献爱心之类的活动。

总之，父母要相信自己的孩子，鼓励孩子参加社会实践活动，提高孩子的应变能力、沟通能力，锻炼其为人处世的技巧，帮孩子更好地融入社会、适应环境，让孩子感受到自身价值，形成积极向上的人生观、道德观、价值观。这些将对孩子的一生产生深远的影响。

▪ ▪ ▪ ▪ 告诉孩子远离校园霸凌

现在我们经常会看到与校园霸凌有关的新闻，父母们也很关心这个问题，都害怕自己的孩子遭遇校园霸凌。那么，我们应该注意哪些方面，才能让孩子避免校园霸凌呢？

校园霸凌是一个社会性的问题，要探讨它，得从其根源说起，所以我们首先看一下校园霸凌是怎么产生的。

中国有句话，"物以类聚，人以群分"。同一类人总爱混在一块儿。你注意看，校园霸凌绝对不是个人行为。一般是两三个、四五个学生组成一个小团伙，形成一个小圈子，大家一起去欺负某一个人。所谓"人多胆大"，一个人想干点坏事，可能有心无力，几个人在一起，就有这个胆量了。

什么样的孩子容易进入这样的小团体呢？我们的判断是，缺少家庭温暖的孩子。这样的孩子，一般少有人管，得到的亲情呵护也比较少，他们总觉得家人不爱自己，有一种被遗弃的感觉。哪怕他们的家庭条件不错，他们内心也会有不少被压抑的情绪，这些情绪得不到正常的抒发和缓解，就容易让他们变得暴戾，产生欺负别人的倾向和行动。

而且在这个团体里，一般会有一个小头头，别的孩子都听他的，也都怕他。他看不惯谁，他想欺负谁，团体里的人就会群起而攻之。

所以，校园霸凌，其实有一种帮派逻辑在里面。

在我看来，避免校园霸凌有两个方面，一是避免让孩子成为施暴的一方，二是避免让孩子成为被霸凌的一方。具体而言，可以注意以下几点。

1. 多关注孩子的朋友圈

我们不能保证孩子所在的学校、班级一个坏孩子也没有，也不能保证他的同学中没有喜欢打人的，我们只能提醒孩子，不要和这样的学生走得太近。

其实，在霸凌的小团体内部，也有霸凌现象。前面说到，霸凌团体都有一个小头头，大家都比较怕他。而团体中的其他人，有可能正是因为害怕这个小头头才加入进来的。如果你的孩子是因为害怕而跟他们在一起混，就容易被他们利用，一旦不听他们差遣，不愿意帮他们作恶，也会被骂、被打。

"小兰，去帮我把××的东西偷过来。……什么？你不愿意？那好，我们先打你一顿，打到你愿意。"

和这样的孩子混在一起，不愿意干坏事，就会被欺负；要是害怕被欺负，那就只能被迫去偷东西、搞破坏。

作为父母，你要弄清楚，你的孩子在学校和什么样的同学交朋友？平时都给谁打电话，经常和谁一起玩？但凡发现不对的苗头，就要及时制止，这一方面可以保护自己的孩子不被欺负，另一方面也能避免孩子参与到霸凌团体中。

2. 提醒孩子不要为虎作伥

要告诉孩子，如果看到有同学被霸凌，一定要向老师或者父母寻求帮助。不要摆出事不关己高高挂起的态度，更不要让自己成为帮凶。所谓帮凶，就是别人在欺负同学，你在帮忙把风。虽然你没有直接做出欺负人的事，但你的做法助长了霸凌者的嚣张气焰，也很难保证日后你不会成为被霸凌的那一个。

3. 告诉孩子要在学习和生活上多帮助同学

在我读小学的时候，我们班上有一些成绩很不错的同学，包含我在内，大家会努力帮助成绩不太好的同学。放学以后，我们像小老师一样给他们解答一些数学上的问题，或者告诉他们语文作业怎么做。我觉得我们那时候挺团结的，不会对成绩不好的同学避而远之。

我还记得，那时候我们的午饭都是从家里带去的，班上有些家境不错的同学，带的饭菜特别好，会拿一半出来分给别的同学吃。我当时的家庭条件一般，没什么特别的菜品，但我不自卑，因为我妈妈手艺不错，做的饭菜很可口，我也会和同学一起分享。

当时我们班的整体氛围很好，根本不存在谁欺负谁的情况。如果一个孩子总是在学习上、生活上帮助别人，那么他不太可能会成为被霸凌的人。

4. 让孩子不要凡事打小报告

有的老师习惯叫一些学生去观察班里的同学有没有做什么不好的事。有的学生很乐意做这样的事，甚至老师不说，他也会这样干，觉得自己就像老师的情报员。但其实，小报告打多了，同学们一定会知道的。他们会认为打小报告的这个人是"内奸"，久而久之，肯定会有人"修理"打小报告的人。

父母要教育孩子，别把自己当成老师的"眼线"。如果你的孩子是班干部，他看到有的同学做出一些不太合适的行为，可以劝导，而不是直接告诉老师。"老师，他今天拿人家橡皮。""老师，他今天提早吃饭。""老师，今天他迟到。"这样的事，其实也没有多严重，但你老是向老师报告，你就会变成大家的眼中钉。

5. 做孩子的后盾

有的父母总觉得孩子这也不对、那也不行，有时候孩子回家说自己被欺负了，父母不但不好好了解事情的经过，不安慰孩子，反而不分青红皂白指责孩子，认为是孩子自己不好才惹火上身。还有的父母对孩子比较冷淡，漠不关心，孩子被欺负了，他们也一副无所谓的态度，不闻不问。在这样的家庭环境中，孩子很容易持续遭受校园霸凌而不敢反抗、不敢求助。因为他们不知道自己能不能承受反抗带来的后果，没准儿父母会认为反抗是在惹是生非，而求助也不一定能真的得到老师、父母的帮助，反而会换来一顿臭骂。霸凌者也往往更喜欢持续欺负这样的孩子，因为不会被大人制止。

所以，对于这样的事，父母一定不能冷处理，必须坚定地保护孩子、支持孩子，让孩子远离暴力。

人格需独立：
自主性强才能更好地应对挑战

在家庭教育中，帮助孩子早日独立自主非常重要。自信的孩子才能更快更好地独立面对挑战，自己解决问题。让孩子变得自信，父母首先不能以成绩衡量孩子的整体能力；其次，要鼓励孩子敢于尝试、敢于冒险；最后，要坚定地做孩子的后盾，给孩子底气。

自立自助的孩子成长更快

一个孩子如果可以自己解决自己的问题，自己帮助自己，就可以让父母减少很多的操劳。这也是孩子应该以此为傲、为荣的事情。

你的孩子如果每天回家，能自动自发地做功课，自动自发地收拾书包，自动自发地准备明天要带的东西，自动自发地帮你做点家务事，那就很了不起了，说明他已经开始自立自助了。

我大女儿承袭了我的不少教育观念，对她的孩子，也就是我的外孙，非常注意自立自助能力的培养。我的外孙快五岁的时候，我感觉他就开始自立自助了。

因为我看到他早上起来会把他的小棉被叠好，他会刷自己的小鞋子；他听到垃圾车的声音，会跟他妈妈说垃圾车来了，并跟着妈妈把垃圾拎出去。等他再大一点，他就自己睡觉了，不需要妈妈哄着、陪着。到他上小学的时候，他能自己收拾书包，自己背书包，而不是上学放学的时候自己空手跑在前面，让爸爸妈妈帮忙拿书包；他甚至能帮助家里打扫卫生，而不是除了撒娇卖乖，什么都不会，饭来张口衣来伸手。

从小培养孩子自立自助的能力，有助于他早日养成独立的人格，而不至于长大以后变成"妈宝族""啃老族"。

我一直强调，孩子小时候吃一点苦，长大了才会笑，孩子小时候一直笑，长大了就会吃苦。什么意思呢？先甜后苦不如先苦后甜，孩子小时候多锻炼锻炼，让自己具备各种能力，长大以后才能更好地生活、工作。如果孩子小时候被家长保护得太好，以至于什么都不会，那他长大以后如何独立生活呢？

有自主性的孩子很少说"随便"

如果你的孩子常常把"随便""你看着办""都好""我没有意见"挂在嘴边，那你就要注意了。

为什么会这样？我认为往往有两个原因。第一，父母习惯对孩子的事包办代替，孩子觉得自己就算提了意见也没用，索性不提。第二，孩子对家庭事务的参与感比较弱，认为那不是自己的责任。久而久之，孩子会变得没有主见，变得冷漠。

那么，如果孩子已经有这样的言行，怎么办呢？

1.尊重孩子的选择，鼓励孩子说出选择

在家庭中，父母要给孩子适当的自主权，不能什么都替孩子

决定，更不能有"我是你爸爸／妈妈，你必须听我的"这种绝对权威的心态。

家里面的事情，大家投票，谁都可以反对，谁都可以提意见，商量着来。尤其是孩子自己的事情，要多听听孩子的想法，尊重孩子的选择。要让孩子感到自己是独立自主的个体，不依附于任何人。

有一次，我带大女儿去吃饭。点餐的时候，我问她："你吃什么？"

她说："随便。"

我说："服务员，请给她来一份随便，给我上一份牛肉面。"

服务员笑一笑说："我们不卖'随便'这个菜。"

我说："女儿，他们没有'随便'，怎么办？你饿着？"

她马上说："那我要一份水饺吧。"

等服务员走开了，我对她说："你想吃什么，自己要说出来，不要等我们帮你决定。你说随便，那就真随便了，我不会帮你点餐的。你要记住，少说'你看着办''都好'，要有自己的主见。"

其实帮她点一份吃的，很容易。而且我相信我点什么她都没意见，但是我要鼓励她说出自己的想法，培养她的自主性。

2. 共同管理家庭事务

说得直白一点，就是要让孩子多参与家务劳动。吃完饭，帮忙收拾一下碗筷；平时做完作业不要就想着去玩，而是打扫打扫卫生，收拾收拾屋子；大一点的孩子，可以在周末试着给家人做一顿饭，而不要总是坐享其成；家里来了客人，孩子也要承担招待的任务，迎来送往，端茶倒水；等等。要让孩子明白，这个家是大家管理的，自己也能够出一份力。

3. 凝聚团队精神

我在别的小节里也强调过，要把家庭当作一个团队。团队需要大家共同管理，也需要定期召开会议。所以，家庭会议非常重要。有一些事情，可以放到家庭会议上来讨论决定。强调并端正孩子家庭成员的身份，让他学习在这个团队中发表自己的看法，也听听父母的意见，大家商量着决定团队的共同事务。父母不要总搞独裁，让孩子觉得家里的事都是父母定的，自己也没有自主权，听着就好。哪怕最后采取了父母的决定，父母也要让孩子明白为什么会做出这样的决定，而不是让孩子以为自己没有决定权。

■■■■ 自信的孩子都有父母的鼓励

有的时候，孩子没有自信，是因为他怯场，他从来没有经历过面对众人的场面，底气不足。更糟糕的是，父母还打击他。

我小女儿在读小学的时候，有一次她放学回家说："老师让我们做一个研究报告。要自己找题目，找资料，写一份报告，到班上去演讲。"

我想，小小年纪就要做研究报告，还挺正式。于是我问她："你打算找什么材料？"

她说："爸爸，我也不知道。"

我说："不知道就只能乱写了。不要说不知道。我给你几个建议：第一，这个题目必须是大家没听到过的；第二，这个题目本身比较有意义。如果你用这样的题目做报告，那么应该会吸引大家的注意力。"她想了一下，说："爸爸，我听妈妈说过，我太姥姥缠过足。现在没有缠足的事情发生了，但是以前的女孩子都吃过缠足的苦。我觉得我可以讲一讲这个。"

我点点头，表示支持。其实，我的母亲也差点被缠足。我的大姨是缠过足的，非常疼，我母亲还记得她小时候，每晚都能听到大姐的哀嚎声。我的母亲给我讲过这些事，我当年也印象深刻，于是这些年我刻意搜集了一些这方面的资料。现在，小女儿说要以这个为题做报告，我当然支持她，还给了她一些建议，和她一起准备。我给她提供我搜集的资料，她自己也找了一些图片和文字资料，然后根据这些材料拟定讲解思路，写报告文案，写好后我帮她看了一遍。

她很有成就感，说希望自己是第一个做报告的。我知道她能说这话，就是她心中有了底气。其实报告的内容有多好，说不上，但她自己完成了这么一个任务，觉得自己很厉害，也相信这份带有自己心血的报告一定没问题。这就是她的自信。

孩子的底气、自信，都是培养出来的，需要家长的支持和鼓励。如果孩子在面对很多人的时候总是能有底气，那么他的内心就会越来越强大。

台湾城邦出版集团 CEO 何飞鹏曾提过一个现象。幼儿园的孩子听老师讲东西的时候，往往都爱往前坐，也会在老师提问的时候争先恐后地举手，期待老师点到自己。而随着年纪渐长，孩子们反而越来越没有热情了。老师问到什么，都往后缩，没人举手，不愿参与。

我想，或许初生牛犊不怕虎，这个成语就是这么出来。小的时候本来不怕，可在成长过程中得到的鼓励少了，挨的骂多了，就渐渐失去了自信，越来越胆小了。

有不少父母习惯对孩子讽刺和打骂。不管孩子做什么事，做得对不对，他们总是不分青红皂白就一通指责："你有什么用啊？你还上台去演讲？你别丢脸了。"如果你老是这样说你的孩子，那么后果会很严重。

有一位爸爸曾和我说，他的孩子本来很爱做手工，总喜欢用橡皮泥捏各种造型，或者用纸做一些模型。有一次，孩子好不容易做了一个坦克车的模型，非常高兴地拿给他看，他当时正为工作上的事心烦，不耐烦地对孩子说："什么玩意儿，这么难看！"从那以后，他的孩子再也不做手工了。或许，以后孩子连产生创意都会很难。

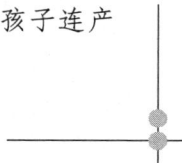

我们做父母的，不都希望孩子好吗？那么，为什么不能给他底气，帮他建立他的信心呢？少一点打击，多一点鼓励吧。

▪▪▪▪ 优秀的孩子不是对比出来的

　　我有两个女儿，我从来不会把两个孩子相互做比较。我不会在小女儿的面前说："你姐姐刚刚得到一张奖状。""你姐姐刚刚成绩单下来，她是前三名。""你姐姐在学校里面，是三好学生。"我也不可能对大女儿说："你妹妹最近 ×× 比赛得了奖。"

　　每个人的资质天赋不太一样，后天的学习、发展也不太一样。我觉得把她俩比来比去，试图用其中一个孩子的优秀表现激励另一个孩子，是没有意义也没有必要的。孩子们各有各的优点，父母应该多看、多说、多表扬每个孩子的优点。

　　我们给女儿们的爱一样，她们生活的环境一样，她们的吃穿用度一样，但并不表示她俩就一定要一样优秀。可能大女儿在这方面好一些，小女儿在那方面强一点，这是很正常的。我也不会表现出喜欢成绩好的，不喜欢成绩差的。我们家从来不谈分数，不提成绩，不计较名次。我也和女儿们说："在亲戚面前，除非人家问你，否则不要主动提你的成绩、你得到的奖状、你在学校里面的表现。"

慢慢地，她们觉得成绩好没什么值得骄傲的。成绩不好了，也不会被爸爸骂，不会被妈妈唠叨，自己只要下次注意就好了。所以，她俩的心态都很平和，知道正视自己的问题，知道如何补足。最终，她俩反而都获得了不错的学历，在职场上也表现得游刃有余。

所以我想提醒大家，在家里不要拿孩子做比较，这样反而容易让孩子之间产生敌意，破坏他们的手足之情；也不要拿自己的孩子和别人的孩子做比较，帮助孩子保持平常心，做好自己，就行了。

■ ■ ■ ■ **功利心可能毁掉孩子的一生**

孩子第几名很重要吗？长远来看，并不重要。父母要提醒孩子，也提醒自己，不要只注意眼前一次考试的名次，甚至不要只盯着眼前的利益、奖品，要把目光放长远。

其实，不少有才干的人，他们在学校的成绩并不是拔尖的，他们大多位于其所处集体的第五至十五名，并没有名列前茅，但这不影响他们发挥自己的能力，获得成就。

有的父母天天研究："小樱，你这次考了第几名？""小华，这次有没有比上次进步一点？""小强，这次有没有当干部？"为什么要这么重视这些？第几名很重要吗？孩子有没有得奖，很重要吗？孩子刚刚上班，一个月拿多少钱很重要吗？孩子能不能自己买车买房，很重要吗？如果总是把利益、奖品、名次、酬劳、财富看得非常重要，总有一天会出问题。

我在国外留学的时候，学校里不排名次，考试也没有分数，只有等级，如 A+、A、A−、B……而以前我们的不少学校，总是在这方面分得很清楚。每次考完试，就会出年级大排名，从第一名到最后一名，名单统统贴在告示栏里。老师和父母都过度关心名次，以至于孩子也受到影响，第一名总是和第二名一起玩，最后几名成群躲在厕所里逃课、打牌。孩子们从小就养成了"人以群分"的观念，长大后又怎么会有团队精神呢？

现在，大家都意识到了排名次的弊端，很多学校也都开始模糊名次了。考完试，大家不知道别人的分数，同学之间没了比较，没了差距，也没了攀比。这对孩子的心理发展是有利的。

父母要把目光放长远，要让孩子站在高点，看见远处，不要只注意眼前。我从来没有问过我女儿，在学校考试第几名；我也没问过我女儿，在学校里面有没有得什么奖品；我更没有问过我女儿，老师有没有派她们去做代表。我关注的是她们整体的素质，关注的是她们将来在社会上有没有竞争力。

我再给大家一个忠告，不要让你的孩子在很小的时候，就学得非常功利。我大女儿婆家的家庭条件不比我家的好，但是我从来没有在她的面前提过，没有跟我女儿暗示过这一点，因为没有必要。我的女婿人品优秀、工作努力，对我女儿很好，就可以了。我女儿婆家的条件和我女儿没有关系，和我家也没关系，只要我

第六章　人格需独立：自主性强才能更好地应对挑战

179

女婿这个人好就行了。其实我要真的功利点，想把我女儿嫁给一个更有钱的人，是非常容易的，我同学和我朋友当中有钱的人太多了，可是我知道这样做是错的，父母不要有功利心，也不要让孩子有功利心，不要让家里生出攀比的风气。

我们应该让孩子养成正确的观念，不要注重眼前的一些报酬。将来你孩子就业的时候，你也不要只问他工资多少钱。其实，你应该问的是：

第一，在公司的工作跟你所学的专业有没有关系？

第二，你在公司能不能发挥你的长处？

第三，如果你不喜欢现在的公司，那你有什么打算？有没有解决方法？

情商、逆商的作用大于智商

对于一个人而言，有三个"商"很重要，分别是智商（IQ）、情商（EQ）、逆商（AQ）。

智商，是指一个人的智力水平、对知识的理解和掌握能力，以及通过逻辑思考分析判断并最终解决问题的能力。

情商，是指一个人对环境、对个人情绪的掌控能力，以及对团队关系的运作能力。

逆商，是指一个人面对困境时不畏压力、坚持不懈、努力寻求解决方案以渡过难关的能力。绝大多数的人在其一生当中，不管有没有取得很大的成就，至少在工作中、生活上都有不顺利的时候。人处于这种逆境之中所表现出的不屈不挠、乐观向上的精神，就是逆商的具体呈现。

这三个"商"，就像三角形的三个角，能够让人稳定发展。

当然，每个人的这三个"商"不完全是平衡的。有的人智商很高，但情商不高，这表明他不能很好地控制自己的情绪及适应周围环境的氛围，也不能很好地融入团队甚至领导团队；有的人智商、情商都很高，但逆商低，这表明他不能顽强地面对逆境，无法应对挫折和压力，更难以化压力为动力激励自己奋发向上。

一个人要想变得优秀，就应该均衡发展这三"商"，甚至更加重视发展情商和逆商。可以说，一个人想要成功，拥有高情商、高逆商往往比拥有高智商更重要。

为什么这么说呢？

先说说情商。

如果说智商更多被用来预测一个人的学业成就，那么情商则可以用来预测一个人能否取得事业成功或生活成功，它能更好地反映个体社会获取成就的概率。

心理学家曾调查了四十余名诺贝尔奖得主，结果证明：并不是所有的人都有很高的智商，他们之所以取得成功，是因为在情商上高人一等。心理学家也追踪调查了一些智力超常的"神童"，调查一直追踪到他们五十岁，得出的结论表明，并不是每一个智力超常的儿童最终都能成功，那些情商较高的儿童更容易获得成功。

其实，从你走出校门、离开学校的那一刻起，人们就开始慢慢淡忘并忽视你的毕业院校、最高学历；而且在你进入一个公司出示过学历证明以后，它就没那么重要了。因此，进一个公司，智商是块敲门砖；一旦进入公司后，情商就变得十分重要。

台湾地区的教育主管机构曾对台湾大学二十年来联考的八十名状元进行过一次追踪研究，这些状元分为理工科状元、文史科状元、法商科状元、医农科状元。研究结果表明，他们上大学后成绩也还都不错，但毕业后几乎一半人都表现平平。

在学校里特别优秀的孩子之所以在社会上表现平平，大部分原因是他们到了社会上低不下头、弯不下腰，在竞争激烈的社会环境中产生了特别强烈的挫折感。也就是情商不高。

再说说逆商。

我们用登山的比喻来说明智商、情商和逆商的作用。

如果我们把人生的过程比作登山，那么这个世界上的人都在往上爬，但最后能够爬到巅峰的人是非常少的。

智商，相当于登山的知识。登山者首先应该具备登山的知识，知道这座山的基本情况，知道该如何规划线路、如何应付突发状况……

情商，相当于登山的装备。要登山，光有知识不行，还得准备齐全的登山工具：冰斧、背包、毛毯、干粮、信号弹、绳索、小刀、登山鞋、眼镜、防风帽……有了这些装备，又有了登山知识，就具备了登山最基本的条件。

逆商，相当于登山的毅力。光有知识和装备还不行，最重要的是需要具备坚持到底的毅力和勇气，尤其是在遇到挫折时能坚持下去。只有这样，才有机会登上顶峰。

可见，逆商对于成功的影响也是举足轻重的。

综上而言，想要孩子有良好的发展，光注重他的学习成绩是不够的。我们的学校教育，强调的是孩子要德智体美劳全面发展，即拥有高尚的品德、卓越的智力、强健的体魄、一流的审美力以及对劳动的热爱。此外还要求孩子能合群，能适应集体生活。也就是说，我们的教育重视的不单单是孩子的学习成绩。

有的父母觉得别人家的孩子很厉害，学习成绩很好，能考上好的大学，甚至读硕士，而自己的孩子读个中专就不想读了，于是整天恨铁不成钢，结果造成亲子关系紧张，甚至导致孩子破罐破摔。殊不知，在读书这一方面，大致可以分出两种情况，一种是这个人特别适合做学问，那么他可以在高校里一直深造；另一种是这个人念书、搞理论可能不太行，但是能动手、能学技术，那么他可以去职业学校学习，成为技术领域的专业人员。

古话说得好，行行出状元。孩子不管怎么发展，只要他积极向上，就是好的，你不要强求他一定要有最高的学历。比学历更重要的，是他能拥有较高的情商和逆商，能独自在人生这条漫长的道路上走出最好的步伐。

对于父母而言，只要自己在孩子接受教育的过程中该给的都给了，该辅导的都辅导了，该付出的都付出了，那就没有遗憾了。

其实，对于绝大多数人而言，尤其在自己长期身处的这个圈子里，大家的智力水平是差不多的，那么谁能过得更好，多半取决于谁的情商和逆商更高。所以，父母更应该注意培养孩子的情商和逆商。

■ ■ ■ ■ ■ **品行操守比学习成绩更重要**

你记不记得学校老师给学生写评语的时候，评价最高的一个词语就是"品学兼优"？品，即品行；学，即学业。也就是说，在老师看来，一个优秀的学生，必定是品行操守和学习成绩都很好的。

而在我看来，品行操守甚至比学习成绩更重要。这包含两个方面。

1. 不要过于看重学习成绩

我认为，孩子在一个班里能名列前十五名，就是很不错了。很多伟大的人物，他们在读书的时候，并不是名列前茅的，比如爱因斯坦、爱迪生。有不少孩子拼命考上了清华北大，走向社会后却泯然众人。父母不应该让孩子把学习这根弦绷得太紧，应该让他留点力气。退一步讲，哪怕孩子的成绩在班上进不了前十五名也没关系，他的人生路很长，他在别的方面也能有很远的路可以走，他也可以变得很优秀。所以，父母不应该只用成绩好坏来评定孩子是否优秀。

请想一下，你一味地要求孩子考前三名，是真的想让他变得优秀，还是只为了满足自己的虚荣心？当你的孩子考到前三名的时候，你会不会迫不及待地和亲戚朋友分享？发朋友圈广而告之？在我看来，这是有虚荣心的成分在里面的。

你的孩子不可能永远都考进前三名，也不可能永远只靠学习成绩取胜。你因为孩子一两次的名列前茅而过度张扬，这不仅是你自己虚荣的表现，也会对孩子的心理造成影响，让他也慢慢变得虚荣，认为成绩好就可以，因为自己一时的成绩而骄傲起来。常言道，骄兵必败。骄傲对孩子来说可不是好的特质。

如果你的孩子是德、智、体、美、劳全面发展的，哪怕他的成绩不拔尖，那他比只是学习成绩好的孩子更棒。

2. 品行操守好的人，永远是最难得的

品行操守，体现在很多方面。拾金不昧；遇到生活困难的孩

子，愿意尽自己所能去帮助对方；坚持不说谎，犯错勇于承认；愿意孝顺父母，在家里帮助父母做事；等等。

在培养孩子品行操守方面，父母要注意两点。

首先，不要把孩子在这些方面好的表现当作理所当然，应该适当给孩子一些正向的激励。父母多强化、多鼓励，孩子就会备受鼓舞，把好的行为持续下去，进入正向循环的状态。

其次，要压下虚荣心。前面讲了，过度宣扬好的成绩，容易造成孩子的虚荣心。在其他方面过度张扬，也是一样的。有一句古话：为善不欲人知。不管是品行操守，还是功课学业，就算做得好，也不必张扬。父母自己首先要注意，不要孩子有了一点成绩，做了一点善行，就到处炫耀。如果发现孩子有这样的行为，也要及时提醒他，引导他调节自己。

品行操守是能伴随孩子一生的良性表现。如果你的孩子能在品行操守方面做好，再把学习成绩维持在中上水准，他就是一个良才了。

第七章

为人高品质：
成功离不开八大品质

父母要想孩子在生活乃至今后的工作中获得成功，必须帮孩子培养一些有益的品质。我接触过不少成功的企业家或公司职员，我发现，成功的人大都拥有八个品质：沉稳、细心、勇敢、积极、兼善、诚信、大度、有担当。

沉稳：
不急躁、不冲动，更能应对逆境

　　我们生活在高速发展的现代社会，每时每刻都有可能遇到一些新的挑战和挫折。人的一生不可能永远一帆风顺，总会经历一些风浪。遇到危机时，是镇定应对、反败为胜，还是惊慌失措、怨天尤人，取决于是否拥有沉稳的心态。

　　不沉稳的人容易得意，得意就容易忘形，忘形往往就容易坏事。引导孩子变得沉稳，可以从五方面入手。

1. 懂得隐藏情绪

　　一个人要学会控制住自己的情绪，做到凡事处之泰然。有的人情绪表露得非常明显，早上上班前跟老婆吵个架，跟老公斗个嘴，全公司的人都会知道，因为他们什么情绪都摆在脸上，大家一眼就能看出来，这样是要不得的。

对于孩子而言，家长可能觉得孩子还小，发个脾气，遇到事情哭一哭，是很正常的。这其实是纵容。人应该有理智和知性，情绪化并不能解决问题。

意大利传奇女记者法拉奇生前曾两次采访邓小平。

七岁的时候，因为一件事，法拉奇被爸爸批评了一顿，她蹲在墙角哭。爸爸对她说："孩子，如果爸爸批评你是对的，哭是什么意义？哭是表示委屈吗？不，你应该去思考一下为什么挨批评，以后如何不再被批评。如果爸爸批评你是错的，哭又是什么意义？哭是表示不敢辩解吗？你可以告诉爸爸哪儿错了，免得以后又错怪了你。"

法拉奇七岁就了解到，哭是一种无奈，是一种无助，也是一种扯皮，并不能解决问题，结论就是不要哭。从此以后，她不再哭泣。日后，无论遇到什么事情，她都会勇敢地用言语清晰流畅地表达出来。

你看，引导孩子学会表达，遇到挫折不要慌乱，比只会哭泣好太多了。

2. 做事情要划分步骤，不要强求一步到位

做事情不能急躁。对目标做分解，分阶段完成，往往更有利于最终达成。举个例子，跑10公里的马拉松，一口气跑完是很难的。可以先设置目标，每个目标是1公里，一共十段，计划一下每一段怎么跑、每一段跑多久。一段一段跑完，最后就完成了总目标。

甚至练习起跑的动作，也不是一蹴而就的，而要把动作做分解，两只手怎么摆，脚怎么蹬在踏板上，身体怎么摆，头怎么抬起来，都可以分解出来，一一练习。

要记住，每一次走一步，每一次做一点，一步一个脚印地实现最终目标。

3. 重要的决定，不要马上行动

对这一点，我有深刻的切身体会。

以前我很冲动。我大女儿在初二的时候，有一次犯了一个错误，我一气之下，把她收藏的爵士乐CD都丢掉了。

她很喜欢听爵士乐，我丢掉她的CD，对她而言是一个很重的惩罚。等她知道了冲出去想把CD拿回来的时候，那箱CD已经不见了。那天晚上，她一边做作业一边掉眼泪。事后我有点后悔，但碍于当父亲的权威感，我没说什么。

过了几天，我买了一张爵士乐CD给她："老大，这是刚刚出版的爵士乐，你听听看。"

她笑笑跟我说："我现在不喜欢听爵士乐了。"

当时我听到这话，非常痛心，没想到我的做法会伤害她这么深。从那以后，她不再听爵士乐，也不再收藏这方面的CD了。

多年以后，我无意中提起这段往事，问她："老大，你还记得你读初中的时候，我把你的一箱爵士乐CD给丢掉吗？"她平淡地笑了笑，回答只有两个字："是吗？"当时我又是一阵哀痛。

这件事给了我深刻的教训。如果那天我不那么冲动，只把那箱 CD 藏起来，而不是丢掉，该有多好。从那之后，我不管做什么事，都不会马上行动，总要让自己沉静一下。

我们公司有一名副厂长，有一次把一件事办砸了，让公司损失不小。当时我只有一个想法——开除他。人事命令我都签好了，但我没有马上发给人事部，而是让那个人事命令在我的抽屉里过了一夜。当晚，我冷静下来后想了很多。这名副厂长犯的错不能够说很轻，但是也没有严重到非要开除不可的地步。我一时冲动，开除了他，我们公司就少了一个可靠的干部，他还没弥补这次犯错给公司造成的损失呢。第二天，我把人事命令撕掉了，只给了这名副厂长相应的处分。

这名副厂长也很有责任心，不仅积极寻找补救措施，想方设法把损失降到最低，在之后的过程中也更谨慎了。最终，他给公司带来的价值，远远超过了当初造成的损失。

所以，但凡有重大的决定，一定不要马上执行。一个沉稳的人，要三思而后行。

有的孩子看人家创业，自己便也想创业。孩子在做决策的时候，父母要告诉他不要盲动，要先收集信息。

"妈，我想在我们的小区门口卖绿豆汤。"

妈妈问他："绿豆汤谁煮啊？"

"妈，你帮我煮。"

"你自己要卖，我没有说要卖。"

"那我们两个一起煮。"

"好吧，我们一起煮。你打算在哪里卖？"

"在小区门口靠右边那个地方。"

"每天有几个人喝？"

"反正那里人走来走去，人走来就有喝嘛！"

"小区对面是个超市，我们家小区的左边是个便利店，店里有那么多饮料，人家来喝你的绿豆汤？"

"妈，我这个绿豆汤，是桂花绿豆汤，里面放了桂花。"

"放了桂花就能吸引人？你认为桂花摆在绿豆汤里面好喝吗？"

"应该好喝。"

"你喝过吗？"

"我们煮一煮，先喝喝嘛，对吧？"

一个星期过后，"妈，绿豆汤不能卖了，我想在家门口卖小孩子的小拖鞋。"

所以，父母应该要教育孩子在行动之前先收集信息，不要盲动、冲动，不要想到什么就要干什么。在做事前多做准备，考虑一些细节的东西，避免盲目行动，这样成功的概率会大一些。

拍脑袋决策，拍胸脯去做，最后只能灰溜溜地拍屁股走人，成功不了。要想成功，必须谋定而后动，先想清楚，了解清楚，再去做。

事情做不好，往往是事前没有准备，事中没有纠偏，事后没有检讨。事前没准备，孩子会漏掉很多细节，出现问题的时候也容易措手不及、无计可施；事中不纠偏，孩子就会越错越多，越错越离谱，自信心就会受到打击；事后不检讨，孩子没有自省，对错误的地方印象不深刻，下次还会犯同样的错误。

自信，不是拍胸脯。因为拍胸脯谁都会。孩子要做一件事情，父母应该先问他怎么准备；在他做的时候问他有没有遇到偏差，有没有及时纠正；等他做完以后再问他，总结到了什么经验，下次准备怎么做。有了这样的做事方法，孩子才能一步步走向成功，才能真正拥有自信。

要告诉孩子，永远别想着做错了再来一次，没有那么多的机会。你认为你的领导对你交代工作，会给你几次机会？给你一个大项目，被你搞砸了，你还能期待下一次吗？

4. 有话不要抢着讲，要先思考再开口

不沉稳的人总是爱抢话，沉稳的人则会将自己的话留到后面讲。

我在和客户或竞争对手谈判的时候，发现把话留到后面讲有很多好处。

第一，让别人先讲话，以示对他的尊重。

第二，先讲话的人，一定会有破绽和漏洞。

第三，别人讲话的时候，我可以准备自己的答案。

因此，我在谈判和沟通的时候，有话不先讲。急躁的人都喜欢先讲话，既没有表现出对对方的尊重，又很可能因为来不及思考而讲错了话，留下一大堆破绽跟漏洞。而对方一旦还击，赢的机会就很少。有话让客户或者谈判对手先讲，然后我针对对方的问题予以说服、还击，这样我的胜算就会大得多。

作为父亲，我也教育我的女儿，凡事要思考后再作答。

5. 走路和说话，不要慌乱

沉稳最基本的表现就是不慌不乱。有的孩子走路总是慌慌张张的，要么碰到腰，要么磕到头；说话也爱着急，总是前言不搭后语。这种慌乱一旦成为习惯，人就容易不沉稳，就容易做错事。

有人喜欢通过下围棋来让自己沉稳下来。你也可以想一想用什么活动来帮助孩子静下来、慢下来。

▪ ▪ ▪ ▪ ▪ 细心：
细致入微才能行事周全

你的孩子有没有常常丢三落四，要么忘了把书本文具带去学校，要么就在学校丢东西？你的孩子在做题的时候是不是总马马虎虎，犯一些错误？这些都是不细心的表现。

都说细节决定成败，细心这样的小习惯也可以深深影响孩子的未来。

中国伟大的思想家老子曾言："天下难事，必作于易；天下大事，必作于细。"但问题是，想做大事的人太多，而愿意把小事做到完美的人太少。一个做事不追求完美的人，是不可能获得成功的，而要想做事完美，就必须注重细节。

我太太是个非常细心的人。她帮我缝衬衫纽扣，往往在把要掉的那颗缝好以后，会把其他纽扣都检查一遍。这种细心的做事方法，已经成为她的习惯，让她在工作上、生活中，都能做得很好。

如果孩子足够细心，那么在短时间看来，他不会因为丢三落四、粗心马虎而影响学习；从长远来看，他今后在工作中也会因为做事靠谱而容易获得信任，进而使自己的职业发展比较顺畅。

如何培养孩子细心的习惯呢？

1. 让孩子收拾自己的东西

不光是书本文具，平时穿衣戴帽、外出游玩准备用具等，都让孩子自己动手收拾，父母可以过后检查是否有遗漏即可。比起父母凡事大包大揽，这样做可能一开始会花更多时间，而且孩子也总会有所疏漏，但多做几次，孩子有了经验，就能自己做得很好了。多让孩子动手自己去做，多让孩子自己思考，他就容易变得细心。孩子成长了，父母也轻松了。

2. 引导孩子不忘查漏补缺

古语有云，"千里之堤，溃于蚁穴"，就是强调要想成就伟大的事业就不要忽视微小之处。孩子想要在现在的学习或者今后的工作中取得成功，就不能随随便便、大而化之，不能成为整天把"好像、几乎、将近、大约、应该、可能"挂在嘴边的"差不多"小朋友。就眼下而言，父母应该告诉孩子，做题的时候要仔细读题目要求，做完要检查。督促孩子养成检查的习惯，也有利于他改掉粗心的毛病。他在这一方面养成了习惯，也便于把这个好习惯推及其他方面。

3. 引导孩子留意小事并思考其因果关系

人们常常开玩笑说：一个苹果掉到牛顿的头上，他会想到万有引力；掉到我们的头上，我们就把它吃掉了。孩子在接受教育的过程中，如果没有养成留心小事并思考其因果关系的习惯，永远把老师所给的答案作为标准答案，把课本所给的内容当作行事参照，那么他就很难变得细心，更谈不上拥有思考力和创新力了。

世界是复杂多变的，知识也在不断更新，很多问题都没有"正确"答案。如果孩子没有细心观察且主动思考的能力，那他将很难应对各种挑战，更谈不上获得成功了。

4. 引导孩子培养有秩序、有条理的做事习惯

有条不紊、井然有序的习惯是从生活中慢慢培养出来的。孩

子学会有秩序、有条理地做事，就不容易遗漏细节了。父母可以从这几个方面加以引导：

第一，注意家中的各种物件使用后要还原。椅子推回原位，喝完水要把杯盖盖好，书看完了放回书架上，等等。让孩子学会管理自己的东西，不要总是询问父母东西在什么地方。

第二，教孩子学会整理。我家有很多书，而且我们还总买新书，如果不整理，我家的书房肯定乱作一团。所以我们一家人会定期整理规划我们的书房。

第三，告诉孩子在做事时多想想细节，不要忽略细微之处。

5. 时刻不忘正面鼓励

家长不要老是因为孩子不够细心而批评孩子，也不要老是刻板地讲道理说教，要多给正面鼓励。

■ ■ ■ ■ ■ **勇敢：**
该拒绝的果断拒绝，应坚持的决不放弃

这里的勇敢，包括两方面。第一是敢于拒绝，第二是勇于坚持。

1. 敢于拒绝

有的人认为凡事迎合别人，才能获得好人缘。其实不然，没有原则的烂好人往往更难以得到对方的尊重。在人际交往中，有底线的不卑不亢比无原则妥协更能收获好的关系。

很多人在遇到别人提出过分要求的时候，尽管不想做，也不会拒绝，因为"觉得不好意思"。客人在家里待到很晚还不走，影响我休息了，我不好意思请他走。他借了我的东西没有还，我

不好意思问他要。他们晚上要请我去看电影，我不想去，却不好意思拒绝。他们向我敬酒，我不想喝，但不好意思不喝。

什么叫"不好意思"？哪有那么多不好意思？客人在兴头上忘了时间，你就提醒他，时间不早了，大家明天还各有安排，需要早点休息。借了东西，时间久了，提醒一下对方记得归还，再正常不过了。所谓"有借有还，再借不难"，如果你提醒后对方还是不愿归还，那你至少能分辨出此人不宜深交，对这样的人，你更没有必要因为提醒而感到不好意思了。不想看电影，不想喝酒，直接说就好了。一味妥协，不仅得不到对方的体谅，反而容易让对方过分的行为变本加厉，最后难受的只有你自己。

父母应该告诉孩子，遇到不合理的要求，要会委婉地拒绝，哪怕实在无法推脱，也要表达出这件事让自己很为难，这次是为了对方勉强为之，下不为例。

2. 勇于坚持

第一，不要轻易推翻自己已经决定的事情。

下象棋的时候，有的人会想"这步棋我要小心点，不要到后边出什么状况"，思来想去，结果还是下错了，然后一拍大腿，"哎呀，我下错了，我下错了"，抽棋反悔。

其实错了没有什么大不了，又不是没有下一步，即便这盘输了，也还有下一盘。下象棋有句话叫"起手无回大丈夫"，生活中也是如此，要告诉孩子，遇事不要犹豫不决，已经决定的事情不要轻易推翻。

有时候，即使父母知道孩子对某件事的做法有不妥，也不用立刻提醒孩子。在孩子犹豫的时候适当鼓励，在孩子有疑问的时候适当引导，让他按自己的做法去做，从中发现问题并及时更正，这比直接告诉孩子怎么做更好。

第二，要坚持自己的想法，做一个有主见的人。

每个人都有自己的想法。在工作或生活中，有时大家的意见不能统一，难免会争执不休、众说纷纭。尤其是开会的时候，更是经常碰到这种现象。在众人争执不下的时候，你不能没有自己的想法。最后是否一定采用你的方法不是关键，关键是你必须有自己的看法和主见。

在开会之前，可以事先做好准备，把你的方法和建议放在口袋里。先注意听别人的建议，如果没有特别好的，就把你的方法说出来；如果别人的建议比你的好，你的方法自然可以继续留在口袋里。

这些是我在职场上的感悟，我认为用在对孩子的教育上也是合适的。

如果孩子成长为有胆识的人，遇到阻碍的时候不会畏首畏尾，遭受挫折的时候不会垂头丧气，需要力排众议的时候不会瞻前顾后，那么他更容易获得成功。

▪▪▪▪ 积极：
有好心态才有高能量

思想决定行动，积极的思想会产生积极的行动。为人积极很重要。相信大家都愿意和积极向上的人交往，而不太愿意和总是消极悲观的人打交道。

有很多人非常急躁，什么事都想一蹴而就，结果反倒欲速则不达。积极的人，并不急躁，他们不求一步到位，因为世上没有什么事情是可以速成的。积极的人总是每天都比前一天做得更好。

"冰上美人"关颖珊是全世界公认的最出色的花样滑冰高手之一。关颖珊之所以能吸引众多的目光，除了她的成就之外，最重要的还是她迷人的笑容，以及永远乐观、积极的生活态度。关颖珊的座右铭是：努力工作，走自己的路，开心地生活。

关颖珊从十岁就开始滑冰，十几岁就开始获奖，职业生涯中共获得四十三个冠军头衔，包括五个世界花样滑冰锦标赛女子单人滑冠军。关颖珊参加了两届冬季奥运会，都没有拿到奥运会金牌。她本希望在都灵冬奥会上圆梦，却因为伤病及医疗等原因，最终没能参赛。但即使如此，她也没有哭闹不休、沮丧失落，而是面带笑容，坚强而淡定地宣布她退出都灵冬奥会的决定。

父母引导孩子养成积极的心态，具体可以这样做：

1. 教导孩子主动并努力地解决问题

父母自己要有积极的生活态度，不要总是抱怨，不要总在孩子面前说别人的不是。遇到困难和问题要勇敢面对，努力想办法解决。要用自己积极的言行影响孩子，并在孩子遭遇挫折时，告诉他不服输，做他的后盾，激励他、支持他，适时帮助他，助力他扭转局面。

2. 告诉孩子要有恒心，执行计划时不轻易放弃

俗话说："行百里者半九十。"攀登珠穆朗玛峰的人很多，而能真正登顶成功的人却少之又少。攀登珠峰的人，不管历经多少艰险，如果止步于山腰，甚至哪怕离登顶只剩下不到 10 米，都不算真正的成功。

3. 通过坚持一两件小事来培养恒心

积极的人生态度大多是在生活中培养出来的，一般积极的人也都比较有恒心，所以父母可以让孩子从生活小事当中培养自己的恒心。我给各位一个建议：找一两件小事，培养积极的习惯，并督促自己长久地保持下去，用自己的积极去影响孩子。

这样的小事很多，就我而言，我选择了以下两件事。

（1）读书

一个人从学校毕业，并不意味着学习的终止。人的知识，有一大半都是在社会上习得的。一个人如果走出学校的大门之后再也不学习了，那么他的知识水平也会停滞不前，他将慢慢落后于别人，落后于这个时代。

人每一天都要读点书。为了养成读书的习惯，你可以这样做：

找一本你比较感兴趣的书，或者和你的工作相关的书，如果这本书一共有三百页，那么你可以在扉页上写"每天不读完十页就不睡觉"，激励自己持续阅读。这样你一个月就能读完一本书，一年就能读完十二本，这就不少了。

从书中，你可以获取知识，让自己成长，更可以通过这种坚持，让自己的生活拥有积极的习惯。

对孩子而言，读书并不是读课本，而是读对孩子有益的或者孩子感兴趣的课外读物。鼓励孩子制订计划，坚持阅读，规定自己每天都要读、读多少，不仅有利于培养孩子的恒心，也有利于孩子开阔眼界、积累知识，更能让孩子养成受益终身的阅读习惯。

（2）写日记

不少人在学校时会写日记，但毕业后常年坚持的人却不多。那么你是否有写日记的习惯？

有的人心血来潮，买了一个漂亮的日记本，在上面签了个名，下定决心，今年开始好好写日记，结果不到一周就把本子扔一边了。到第二年，他又买了一个更好的本子，在扉页上写："天将降大任于是人也，必先苦其心智，劳其筋骨，饿其体肤。"不仅签了字，还印了一个指纹，以示决心。结果不到一个月，又把本子扔一边了。

写日记都不能坚持，你还能坚持什么事呢？坚持本身就是一种积极的特质。想拥有积极的人生，就一定要有坚持的态度。通过写日记这件小事让自己练就坚持的特质，养成坚毅的品质，最终让自己变得坚强。如果你能做到这样，那么你就为孩子做出了很好的榜样。

■ ■ ■ ■ **兼善：**
好的人际关系是沟通来的

我觉得人可以分成两种：一种是独善其身的人，能把自己搞得很好，但是不管别人；一种是兼济天下的人，不仅自己好，还能管别人。

能把自己做得很好，固然很不错，但是如果还能想到别人，把别人也带得很好，就更难得了。这样的人是具有人格魅力、具有领导潜质的。

想要把人管好，让人接受你的意见，首先你得思考，自己是不是做得都对，还能不能做得更好。有了好的方法，不愁无人追随。其次你得有好人缘，能搞好人际关系，能和人好好相处。

有的人学习成绩不错，但从来不在乎和别的同学如何相处，他在人际关系方面是很欠缺的，最多能成为独善其身的人，而达不到兼济天下的境界。

我观察过很多员工，发现十个人里面，大概只有一个是可以当干部的。我们老是有个错觉，总认为员工干久了，就是干部。这个观念其实是错的，他干得再久，还是员工，要能够当干部，必须有自己的想法、自己的意见，必须会沟通、会带团队，必须有很好的处事技巧。

有领导气质的人、能带领团队的人，往往是善于社交、具备团队精神的人。

人是群居动物，在群居的生活环境中，人更要学会合作，学会交际，学会顾全大局，才能适应环境，才能取得公众的信赖，成就一番事业。不会合作、不注重团队精神的人，最终将被团队抛弃。

社交是一个人一生的必修课，社交能力是人类生存的重要能力。良好的人际关系不仅能给我们带来快乐，而且能助我们走向成功。只有从小就重视对社交能力的培养，不畏惧人群，很好地融入社会，才能在未来获得良好的发展。社交就是为人处世，会做人、会办事的人当然会有好人缘，这样多了朋友，少了敌人，成功路上的阻碍就会少一些，帮助就会多一些。

一个人再完美也不过是一滴水，一滴水终将在阳光下消失于无形，而团队就是大海，一滴水都融于其中，不必担心干涸，大海也将更壮观。人也一样，只有加入团队中，才能显现价值，才能不被打败。

所以，父母需要重视孩子的为人处世方面，要鼓励孩子广交朋友，要多带孩子参加交友活动，和不同的人接触，帮助孩子开阔视野，增强沟通能力。

虽然我们的目的并不是让孩子以后一定要当一名管理者。但是，具备良好沟通能力、能处理好人际关系的人，更具有领导潜质，哪怕不管人，也能广受欢迎，活得开心。

诚信：
做什么都让人觉得可靠

诚信是做人的基本素质，诚信教育也是教育的重要内容。

对孩子而言，不说谎，不造假，考试不作弊，这都叫诚信。父母发现孩子有说谎话等不诚信的言行，一定要严厉地指出来，让孩子当场认识到自己的错误。

请注意，教育孩子时要灵活，对于孩子做得不对的地方，有的地方需要温和引导，有的地方则需要严肃批评。对于孩子不诚信的行为，父母一定要严厉地指出来并督促孩子改正。

我在小学一年级的时候，因为偷钱，被父亲吊起来打了个半死；读初中的时候，又因为作弊被父亲打了个半死。这是我一生中记忆最深的两件事。

　　所以，我格外注意这方面。我小女儿第一次偷拿家里的钱时，我"教训"了她一次，然后告诉她："家里有十个地方都摆了钱，你小心，千万不要去碰它。"我太太马上把她拉到一边说："爸爸说话算话，你注意点。"那时候，我们家鞋柜上、冰箱上、床头柜上都摆着钱，可她再也不偷拿了。

　　成年人品质恶劣，大部分是因为从小到大坏习惯的积累，是从小没有被教育好。偷东西是个严重的问题。人在小的时候只是因好奇而偷东西，如果没得到管教，上学后便可能作弊，上班后便可能变得狡诈和不老实。如果他当初在幼儿园偷五毛钱，父母就好好教育他，然后时刻确认他有没有再犯，那他之后还会偷东西吗？

　　本书前文中也讲了不少父母自己要言行一致，信守承诺的内容。父母自己先做到了，才能潜移默化地影响孩子。

大度：
宽容待人，乐于分享

　　大度主要体现为不小气、不计较，宽容待人，乐于分享。有小朋友无意弄坏了你孩子的玩具，你的孩子是否可以谅解对方？你的孩子有好东西的时候，是否能想到和别人一起分享？不要以为这些都是小事，小处往往能见大。

　　父母可以适度引导，让孩子自己主动体会到"独乐乐不如众乐乐"，千万不要在孩子不愿意分享的时候批评指责孩子自私。一定要记住，教育孩子需要多正面鼓励，少负面强化。

　　同时，父母自己做到大度，也很重要。

　　比如，对于孩子的小过失、小错误，家长不要斤斤计较。

　　孩子常常毛手毛脚，拉冰箱门的时候用力过猛，"啪"的一声鸡蛋掉了下来，破了。妈妈正好从外面进来，说："哈哈，今天晚上有鸡蛋糕吃了。"孩子不是故意的，过于苛责也于事无补。如果这位妈妈因为这么一件小事就打骂、惩罚孩子，反而会让孩子变得小家子气。

有担当：
自己的责任自己承担

不要总认为孩子还小，不用对事情负责任。从小就要教育孩子，做人要有胆识、有担当，遇到事情不要总是叫爸爸妈妈，是他的责任，他就要挑起来；是他自己力所能及的事情，他就应该自己做；是他造成的不好后果，他应该自己承担。

想一想，假如有一天，你和孩子在超市购物，孩子不小心把货架上的玻璃瓶撞到地上摔碎了，你会怎么做？是趁周围没人看见赶紧把孩子带走，还是主动买下这件商品？如果你真为了孩子好，相信你会做出正确的选择。

生活中，如果父母总是怕孩子迟到而催着孩子起床，怕孩子做错而盯着孩子写作业，怕孩子不行而帮孩子解决各种问题，甚至兜底，孩子就会养成事事依赖父母的心理，永远学不会为自己的行为负责。把事情还给孩子，让孩子自己想办法解决人生的难题，学着为自己的行为负责，孩子才能成长为一个有担当的人。

如何让孩子变得有担当？以下介绍四个妙招。

1. 示威

碰到问题的时候，父母要扛起责任，要有担当；碰到事情难以抉择的时候，父母要展现出自己的魄力。所谓有担当、负责任、现魄力，这就叫示威。

为什么要示威？父母在孩子面前有威严、有威信，孩子才能听得进父母的话，才能接受父母的教导。请注意，这里的示威，不是打骂孩子，不是用暴力让孩子屈服，而是让孩子看到父母具备自己还不具备的能力。同时也是以身作则，让孩子明白做人需要有担当。

2. 示弱

示弱就是父母站在孩子身后，激励他、支持他、鼓励他，把功劳归给他，把光荣归给他，把奖励归给他。

身为父母，保护孩子是我们的责任，但是，在适当的时候，我们也可以寻求孩子的保护。比如妈妈生病了，很不舒服，可以让孩子帮忙拿药、倒热水，让孩子体会到妈妈对自己的依赖。

再比如，遇到一个问题，孩子认为自己能解决，我们不必立马出手相助，而是可以站在一旁，先看看孩子怎么做。如果他成功了，我们可以为他欢呼，再引导他总结经验；如果他失败了，我们可以帮他分析哪里做得不够、哪里可以改进，鼓励他再来一次。

3. 记录错误

有时候，孩子不太喜欢承认错误，因为他们基本上都有一个心理，就是怕挨骂、挨打。这个完全可以理解。如果父母事先把话讲明白，对孩子说"你犯错误的时候我提醒你，不是要处分你，只是要让你想想以后如何不犯错"，那么，孩子应该会勇于认错的。

把孩子犯的错误记下来，不是为了秋后算账，而是为了提醒他。比如，你对孩子说："你怎么常常上学迟到？"这样是不行的，孩子心里没数，他会以为自己也就迟到了一两次。所以，你得帮他记下来。所谓事不过三。第一次犯错，是不知道；第二次犯错，可以再给一次机会；第三次犯错，就不可原谅了。于是你可以和孩子讲："十一月刚刚开始，你就迟到了两次。你是不是打算十一月迟到十次？"把次数明确地说出来，才能起到警醒的作用，也会让孩子有强烈的感觉，强化要改正的意愿。

4. 及时表扬

管理学上有这么一个观念：当一个员工受到夸奖的时候，他会强化得到夸奖的这个行为。这个观念也可以用于教育孩子。比如你的孩子无意中蹦一下，你夸他说："小宝你蹦得真好。"他往往会一直蹦。再比如，你的孩子吃饭没有掉饭粒，你夸她说："哎呀，不容易啊，小丽，你今天吃饭，地上一颗饭粒都没有哎。"那么下一次她吃饭会更加注意，不要把饭粒掉在地上。

我就经常激励我的两个女儿。每当她们做对了一些事，我就会立刻说"做得真好"。我曾当着大女儿的面对太太说："你看看，我们家阿乖（大女儿的小名）的书桌比你书桌整洁多了。妈妈要向阿乖学习。我也要向阿乖学习。"结果，大女儿开心了一下午，而且，更注重保持她周围环境的整洁了。等她再大一点了，她还会注意提醒妹妹保持整洁，妹妹吃饭掉饭粒了，她会对妹妹说："妹妹，地上有饭粒，你把它捡起来。"这就是一个良性循环。

第八章

家庭好氛围：
爱的氛围比任何说教都有意义

　　家庭是孩子生活和成长的首要环境因素，家庭氛围在很大程度上决定了孩子的品性和人格特质。良好的家庭氛围能使孩子活泼开朗、积极向上。因此，建立和谐、愉快、充满爱意的家庭氛围是保证孩子健康成长的有利途径。要记住，爱的氛围比任何说教都有意义。

▪▪▪▪▪ 不要让小矛盾变成大争执

都说家和万事兴，但完全没有争执的家庭是不存在的。一家人，父母和子女之间、夫妻之间，彼此有争执，是很正常的。

争执不可避免，但我们需要努力做到不让争执扩大化。那么，在发生争执的时候，我们该如何处理呢？

1. 夫妻争吵不要公开化

夫妻双方不要当着孩子的面吵架，更不要在吵架之后对孩子说："小乔，你将来要跟爸爸还是跟妈妈？"这让孩子从小就学会了选边站，这种教育很糟糕。

我的两个女儿从来没有看过我们夫妻二人脸红。我大女儿都上大学了，有一次她问我太太："妈，我怎么从来没看过你跟爸吵架？我和我同学说起这个话题，他们说他们的爸妈都吵过架，你们怎么从来没吵过？"其实，我和我太太还是有意见不同的时候的，但我们从来不在孩子面前表现出矛盾，有什么争执，都背着孩子沟通协调。我在孩子的面前，从来不会说我太太有错。我太太在孩子面前，也不会说我做错了。等孩子们睡觉了，我们才会说："刚才你这个话讲错了。""刚才你这样讲其实不好。"

父母是长辈，当着孩子的面搞矛盾，让孩子在一旁看笑话，这是不合适的。

2. 不要翻旧账

双方一有争执，就翻旧账："你去年干了……""你当时是怎么说的？……"翻旧账容易让对方恼羞成怒。过去的事就让它过去，不管谁对谁错，都不要多说。老是翻旧账，动辄把十年前的事也拿出来讲，这样本来是一个小矛盾，也变成了大裂痕。凡事都应该就事论事，夫妻之间如此，父母教育孩子也应该如此。

3. 一家人要定期沟通

家人是我们最亲近的人，但我们同处一个屋檐下，也难免生出摩擦，如果不能及时把这些不愉快摊开来说，总是憋在心里，长此以往，会对家庭关系造成很大的负面影响。所以，一家人定期沟通非常重要。

在我家，我们固定在每个星期六晚饭后，泡上茶，摆上点心，全家人坐在一起聊一聊。孩子们平时有什么冤、有什么屈，说出来；我们夫妻俩对孩子们的做法有什么看法，也说出来，大家讨论讨论。然后再各自聊聊学校、聊聊工作，增进相互之间的了解，也让孩子和我们更能相互理解彼此的一些所作所为。

为什么要特意开家庭会议？有的父母比较唠叨，平时看到孩子有什么问题，就不停地碎碎念，这样非但不能解决问题，反而容易引起孩子的逆反心理，也搞得自己心力交瘁。我认为，只要不是特别紧急的事情，都可以在当时把问题记下来，集中放到家庭会议上解决。

为什么要挑在周末呢？因为大家都有空。尤其我平时外出工作的时间比较多，周末特意把这个时间段空出来，了解一下家人这一周的情况，非常有价值。

为什么还要泡茶摆点心？因为家庭会议是让大家沟通的，如果搞得太严肃、太正儿八经，那可能孩子有什么不满也不会说了。弄成茶话会的形式，让大家都很放松，没有顾忌地有什么说什么，这才能达到沟通的目的。

在我们家的家庭会议上，一般都是我太太先起头，问问女儿们有什么想说的，我在旁边听，等她们说完，我会说一下按照我的理解，这件事情应该如何。

我们的目的不在斗争，而是让大家把话讲清楚，比如我大女儿曾在会议上说："爸，你一直让我们抽二手烟，这不太好。你以后可不可以到院子去抽烟？妈，同不同意？妹妹，你说？"结果大家齐声说："同意。"于是我只好说："好，我以后去院子里抽。"女儿们提的建议有道理，我和我太太也会无条件接纳。

我和我太太不会在女儿们说话的时候直接打断："闭嘴，我是你爸/妈，你得听我的。"如果你总是这样和孩子说话，那么你和孩子之间就没有沟通，只有争执，孩子心里的怨恨会越积越多，终有一发不可收拾的一天。

我们家的家庭会议持续了很多年，后来，它甚至变成了我们家一个重要的聚会，是我们增加家庭凝聚力的重要活动，非常有意义。直到今天，女儿们都成家立业、有了自己的孩子，我们还保留着这个聚会。

■ ■ ■ ■ ■ 孩子常做小动作，可能是压力太大

很多孩子一紧张就会抠手，或者做别的小动作。常常做出这些小动作的孩子，他们对自己所处的环境感到很不安。

有的父母看不惯孩子抠手，一旦孩子做了这个动作，他们就会训斥孩子甚至打骂。其实，除非真正找到让孩子感到有压力和紧张的事并解决之，否则光凭打骂是没法让孩子戒掉抠手的，反而会让他越抠越厉害。

我建议如果孩子有这样的动作，父母不要去骂他，更不要去打他的手，应该旁敲侧击地了解一下他抠手的原因。

"小玉，你怎么又在抠手？"你这样问，孩子就非常害怕。如果你以轻松的口气问问他，最近是不是有什么事情让他感到不如意，感到特别紧张，比如他是不是考试没有考好，他是不是跟同

学吵架了，他是不是挨了老师的骂，等等，了解在他身上发生的问题，或许才能真正帮助他。

我觉得，父母、老师给孩子的压力，同学们对孩子的歧视、排挤，朋友之间的攀比，等等，都有可能让孩子出现一些小动作，父母可以多观察，多和孩子做正面沟通交流，找到问题的根源。

▪ ▪ ▪ ▪ 二孩家庭，父母要平衡对孩子的爱

　　假如家里有两个孩子，父母就要思考如何平衡对两个孩子的爱。

　　在我看来，平衡对孩子的爱，首先要做到公平，要一视同仁。不少家庭里都会有这样的情景。

　　妈妈对孩子说："老大，你是姐姐，要把玩具给妹妹先玩。"但其实，两个孩子只相差一两岁，都是孩子。这时候要求老大礼让，就不太公平。

　　或者爸爸说："姐姐先玩，玩完了，你再玩。""凭什么她先玩？我要第二个玩，就因为我是老二，我就

第二个玩吗？凭什么我永远第二个玩呢？"这样，老二又受了委屈。

其实要让两个孩子相互礼让，需要他们自动做到，需要父母的引导。

父母应该怎么引导孩子呢？

如果两个孩子都很小，还没到特别懂事的年纪，那么父母不要试图通过给孩子讲道理来让孩子做到礼让，而是要尽量保证分配上的公平。同样的玩具，如果两个孩子都喜欢，那就给他们一人买一个，不要让他们为了玩具争吵。

或许你会说："那能不能买两个不一样的玩具，大家换着玩？"其实，这样做往往事与愿违。你买了一个小恐龙、一个机器人，结果两个孩子都要玩小恐龙，或者都要玩机器人，这不又有麻烦了？

我的两个女儿相差五岁，但我们并没有因为这样而要求大女儿处处都要让着妹妹。她们的玩具都一样，我们会成对买，比如两个洋娃娃，两个小熊猫，两个皮球，这样就少了很多争吵，她们也不会因为被要求礼让而受委屈。而且，当她们的需求得到满足之后，她们反而有什么好东西都想着对方。此外，我们给她们买衣服也是同样的款式不同的尺寸，姐妹俩一人一件，而不是老让妹妹穿姐姐的旧衣服。

后来，我的大女儿读博士，我们算了一下，她大概花了 120 万新台币。于是我对小女儿说："将来不管你读不读博士，我们都会给你准备 120 万。"后来小女儿也读博士，没有花到 120 万，我们就把剩下的钱打到了她的账户上，保证对姐妹俩一视同仁。

当然，我这里说得比较远了。我想强调的就是，父母不要厚此薄彼。

■ ■ ■ ■ ■ **重男轻女要不得**

先讲一件我读书时候的事情。

我读大学的时候，有一次回高雄，去同学家玩。中午吃饭的时候，同学的妈妈招呼我们就坐，我没看到同学的妹妹。同学有三个妹妹，我一个都没看到。

我就问同学："你妹妹呢？"

他说："我们先吃。"

同学的妈妈也说："你们男孩子先吃。"

我说："不，大家一起吃。"

因为我的家不是这样的，从来没有我吃完了才让我妹妹吃的事情发生。我当时心里很难受，也不知哪里来的胆子，坚持说："如果你妹妹不吃，那我也不好吃了，我是客人，要等主人的。"

后来同学把他的妹妹都叫来，大家一起吃了午饭。我们吃得很开心，妹妹们也管我叫大哥，因为有大哥在，她们才能够一起吃饭。

或许我同学和他的妈妈会觉得我很奇怪，因为在我们那儿，重男轻女是很正常的。但在我看来，这是不对的。

我的父母没有重男轻女的思想，我从小就被他们教育要爱护妹妹。我自己也有两个女儿，她们都很优秀，我很为她们骄傲。

有一次，我的一个朋友带着她的两个孙子到我家来玩，一个男孩，一个女孩，年纪差不多。我发现我朋友特别喜欢那个男孩，当然她也没有直接说自己更喜欢孙子，但就是对孙子照顾得比较多。我小女儿很懂事，一直陪着那个小姑娘玩。事后我和小女儿聊到这件事，我说："我发现你对圈圈（我朋友孙女的名字）特别好。"

她笑笑说："爸爸，你应该知道是为什么吧？"

我说："当然，我都看在眼里。"

毕竟我朋友是长辈，我女儿没办法说什么，于是她主动多关爱小姑娘一点，想让小姑娘在我家受到平等的对待。

如果你刚好有一个儿子、一个女儿，那么你首先就要注意平衡对两个孩子的关爱，其次还要提醒家中的老人，不要偏爱孙子。重男轻女，会造成一个家庭的不公。我们要尽可能平等地对待孩子，要抱就都抱，要不抱就都不抱；谁做错了事就要批评谁，不能偏私。要尽量确保给每个孩子的物质待遇、精神待遇都是一样的，这样才能让他们养成正确的观念，女儿不自轻自贱，儿子不自傲自大，兄妹或者姐弟之间相亲相爱。

▪ ▪ ▪ ▪ 孩子不是资产，单亲父母请尊重你的孩子

在离婚前，父母要注意对孩子的疏导。很多人都有一种不太正确的心理和想法，认为自己离婚不用向孩子交代，孩子就是父母的资产，只需要父母来决定他要跟谁，他自己的想法和意见不重要。其实不是这样的。孩子是一个生命个体，有自己的权利和义务。面对问题，父母应该和孩子好好沟通。

具体而言，应该注意以下几点。

1. 和孩子好好沟通

我想，没有孩子希望父母分开。离婚家庭对孩子而言，不是一个正常的生活状态。而且很多人离婚了，与对方就好像永远不

再往来一样，非要让孩子二选一，孩子跟了爸爸，就不要想再见妈妈；跟了妈妈，就别想再见到爸爸。这样太残忍，孩子是无辜的，父母离婚，孩子不应该受到牵连。所以，离婚前，父母应该好好和孩子沟通，告诉他爸爸妈妈为什么选择离婚，也听听孩子的想法，尽量疏导孩子。

2. 尊重孩子的选择

我看过一部电影，《克拉玛对克拉玛》，里面有这么一个情节：

男主角跟孩子说："约翰，我要跟你妈妈分开一段时间。"

约翰问："这什么意思啊？"

"那就是可能我们要住在两个不同的地方。"

约翰说："不要。"

"这个事情，一时半会儿没法跟你解释清楚，我会慢慢跟你说。……"

…………

谈到最后，约翰问："那可不可以这样？我一三五跟妈妈，二四六跟爸爸，星期天我们一起去教堂？"

这个情节很让我触动。孩子没法改变父母离婚的决定，但至少要得到应有的尊重。他接受了父母离婚的事实，父母也应该尽量尊重他的选择。也许一三五跟妈妈、二四六跟爸爸比较困难，那么可不可以一个月和妈妈住，一个月和爸爸住呢？在尊重孩子的前提下协商出一个结果。

让孩子幸福地长大是父母的责任。父母离婚，不可避免地会对孩子的心理造成严重的影响，父母不应该忽略他的感受。孩子也是这个家庭中的一员，事关整个家庭的决定，都应该让孩子表达他的意见和想法。

3. 不要在孩子面前表现得跟仇人一样

父母在孩子面前争吵甚至动手，最后离婚，对孩子已经造成了不小的伤害。孩子本来就心存恐惧，没什么安全感，爸爸妈妈在离婚后还表现得像仇人一样，总是在孩子面前说对方的不是，甚至把对方说得很不堪，直言羞辱对方，那么孩子的自卑心理会越来越严重。孩子长期接受负面信息，会认为自己的亲人真的这么不堪，这对他的心理健康非常不利。

离婚后要好聚好散，比如爸爸可以这样告诉孩子："爸爸跟妈妈要分开，是因为我们感情出了问题，与你没有关系，我们依然爱你。哪怕你以后都跟妈妈住了，爸爸也不会不管你，你随时都可以来找爸爸，遇到事情的时候更可以来找爸爸帮忙。爸爸永远是你的后盾。"孩子从中感受到你们对他的尊重和重视，这样，哪怕生活在单亲家庭里，他也会有安全感，有自信心。

▪▪▪▪▪ 给女儿讲一下择偶观

　　孩子总是要成家立业的，我觉得我们作为父母，不用因为担心孩子早恋而回避与婚恋相关的问题。及早让孩子对婚恋问题有正确的认识，反而对他们有好处。和孩子讲一讲选择配偶的标准，还是很有必要的。

　　因为我的两个孩子都是女儿，所以我也就只给出对女儿的建议。

　　女人重情，所以在选择配偶的时候更要理性。不要一看这个人长得好看，就陷进去了。

　　我大女儿上大学后，有一次问我："爸，一个好男人应该具备什么条件？"我后来才知道，她认识了一个男同学，而这个男同学后来也成了我的女婿。但当时我不知道这些情况，我只是告诉她："好男人有三个基本条件：第一有出息，第二有担当，第三有道德。"

有出息，就是很有事业心。

有担当，就是他能够在太太跟自己的妈妈之间，或者是在岳父母家和自己原生家庭之间，做到公平、公正，不偏袒，不和稀泥。我太太曾对我说："我嫁给你，感到非常幸福，从来没有受过委屈。"不是我偏袒我太太，而是我非常公正。

有一次我母亲批评我太太，我当时就对我母亲说："妈，这事情是你不对。"

我母亲有些酸溜溜的，说："哟，儿子长大了就不一样了。"

我说："妈，如果你很难受，那么我们先回家。"

这时候我父亲过来说："你想干什么？那是你妈！"

我说："她是我母亲没有错。但是事实就是事实。对就是对，错就是错，母亲也得讲道理。"

当然，在婆媳关系中，如果我太太做得不对，我也会让她去和我母亲道歉。但是我不会让太太无故受委屈。

有道德，就不用讲了。

说到这里，我还想多说几句。我认为，一个女孩在感情中应该做到三个"独立"：情感独立、人格独立、经济独立。

爱情和婚姻是缘分，也是共同责任，没有什么谁欠谁、谁养谁。女孩在情感上一定要能够独立，要自尊自爱，而不是没了谁就要寻死觅活。

选择配偶，看的是对方的人品，而不是长得帅不帅、有没有钱。要让婚姻幸福，就永远不能指望让老公来养。

我太太嫁给我以前，我岳父就告诉她："千万不要辞职，永远不要跟你老公伸手要钱。"

其实我养活我太太和两个女儿完全没问题，但我太太坚持不做全职太太，一直工作到退休。

经济独立，才有底气，否则，碰到困难只能任人拿捏。

家庭好了，事业才会好

　　我到了这个年纪，回想一下自己的生活和工作，最大的体会就是要平衡家庭和事业。

　　可能你会说："余老师，我就是一个喜欢搞事业的人。"我想那是因为你年纪还不够大。我很想问你一件事情：有一天你将去世，你认为陪你走到最后的会是谁？是公司的员工？有往来的客户？还是你的合伙人？我想，能陪你走到生命终点的，首先是你的伴侣，其次是你的孩子。就算你奋斗一生，事业有成，到最后，你还是会发现，家人、家庭才是最重要的。

　　所以，我觉得一个人应该第一把自己搞得健健康康，第二把家庭搞得美美满满，第三再追求事业的发展。

　　其实，在陪伴家人方面，我年轻时候是做得不够的。我非常感谢我太太，这么多年以来，我其实很少陪伴她，也很少替她分担家里的事，反而是她承担起了我对家庭的部分责任。她就这样把两个女儿拉扯长大，女儿们还都非常优秀。应该说我全部的成功，她有三分之二的功劳，因为她让我无后顾之忧。她为了支援我，自己其实是很孤单的。好在她还有自己的工作，而不是整天一人苦守在家里，不过，也正因为她还有工作，让她更操劳更辛苦了。

身为丈夫，我觉得我们在外面打拼的时候，不管自己的太太是不是全职太太，我们都应该分出来一些时间陪伴她。不要总觉得这个家她能搞定，自己只管挣钱就行了。

对于孩子，更是如此。在教育孩子的问题上，我们不可以说自己没有时间，无论如何应该每天抽一个时间，和孩子沟通，了解他的问题，关心他的成长。教育孩子是父母双方的责任，任何一方都不能以工作为借口放任不管。现在不管，难道要等日后孩子和你疏远了，你再来后悔吗？